幼儿园区域活动指导丛书

U0821391

幼儿园区域创设与活动指导：
美　工　区

徐国芬　徐　芳　张伟芬　吴　洪　著

苏州大学出版社

图书在版编目(CIP)数据

幼儿园区域创设与活动指导. 美工区 / 徐国芬等著.
苏州 : 苏州大学出版社, 2024. 9(2025. 5 重印). -- (幼儿园区域活动指导丛书 / 张晗, 王亚红主编). -- ISBN 978-7-5672-4961-5

Ⅰ. G612

中国国家版本馆 CIP 数据核字第 2024QZ6640 号

You'eryuan Quyu Chuangshe Yu Huodong Zhidao: Meigong qu

书　　名: 幼儿园区域创设与活动指导: 美工区
著　　者: 徐国芬　徐　芳　张伟芬　吴　洪

责任编辑: 杨　冉
装帧设计: 吴　钰

出版发行: 苏州大学出版社 (Soochow University Press)
社　　址: 苏州市十梓街 1 号　**邮编**: 215006
印　　装: 苏州市越洋印刷有限公司
网　　址: http://www.sudapress.com
邮购热线: 0512-67480030
销售热线: 0512-67481020

开　　本: 787 mm×1 092 mm　1/16　**印张**: 12　**字数**: 236 千
版　　次: 2024 年 9 月第 1 版
印　　次: 2025 年 5 月第 2 次印刷
书　　号: ISBN 978-7-5672-4961-5
定　　价: 45.00 元

若发现印装错误,请与本社联系调换。
服务热线: 0512-67481020
苏州大学出版社邮箱　sdcbs@ suda. edu. cn

总　序

在推进课程游戏化项目的过程中，江苏省教育厅强化了几项基本任务，其中就有深入开展区域活动。区域活动对幼儿园课程的实施来说，是基本的和重要的途径。但在十多年前，这一点并没有得到充分认可。课程游戏化让很多教师认识到区域在课程实施中扮演了重要的角色，组织多样化的区域活动是课程游戏化项目重点关注的工作内容。区域是一种非全班性的组织方式，有助于减少对全班集体活动的依赖，有助于推进儿童的小组学习、个别学习，有助于儿童的自主游戏，也有助于满足不同儿童的活动需要。很难想象，没有区域活动的开展，幼儿园如何注重个体差异，实现真正有效的因材施教。因此，区域活动是有助于儿童获得多样化经验，能够顾及儿童个体需要的适合幼儿园课程实施的活动形式，现在已经成为很多幼儿园课程实施的重要途径。

这里所说的“区域”是对班级室内或走廊环境以及场地环境的一种分隔，区域分隔主要是从活动和功能的意义上说的，而不只是从空间意义上说的。不同区域的材料不同、活动不同，能满足儿童不同的需要，能让儿童获得不同的经验，因此区域具有多样性和可选择性。多样性意味着除了一些基本的区域，班级还可以根据课程的需要尤其是儿童的需要，创设新的区域，体现了课程的灵活性和适应性。可选择性意味着儿童的自主性，儿童的需要得到了关照和满足，关注每一个儿童的发展需要就成为可能。

区域活动作为幼儿园课程的主要实施途径，它包含了空间、时间、材料、儿童等要素，不同的儿童会在同一个区域中开展不同的活动。空间、时间、材料等适合儿童，活动就可能顺利开展，儿童就可能获得经验；反之，儿童就可能没有兴趣，活动就难以开展。课程游戏化项目推进的过程中，要努力引导教师研究儿童，研究材料，研究适宜的时间和空间，要努力让区域发挥应有的作用。

区域活动中，教师应注重观察、适当介入、有效指导，为幼儿的主动发展提供条件。教师如放任不管、过于随意，就不可能引发幼儿的深层学习，不可能让幼儿不断面临挑战，也不可能让幼儿形成新的经验。创设丰富多元、灵活适宜的活动区域是幼儿园开展区域活动的基本条件和必要前提。对于幼儿园来说，区域如何规划，是因园、因班而异的，是与幼儿园、班级实际空间、幼儿数量等都密切相关的，甚至不同的季节、不同的天气、不同的主题及幼儿的兴致都可能影响区域的安排。区域规划要有利于幼儿的活动，要符合幼儿身心发展规律和学习特点，有利于幼儿经验的获得。区域的规划应注重多样性、互补性、互动性和发展性。不同的区域有不同的活动和任务，性质也可能各异，不是所有的区域都具有完全相同的功能，但不同区域之间可以进行协调和互动。对区域活动而言，有些区域可能自发性和游戏性更强一些，有些区域可能目的性和探究性更强一些。在区域规划时，一定要将幼儿游戏兴趣与发展需要作为区域设置的重要依据，既确保幼儿的自由游戏时间和空间，又确保幼儿经验的有效发展。

幼儿是在行动中学习的，幼儿与周围环境，尤其是与材料的相互作用，是幼儿获得经验的重要途径。区域活动中教师要研究每一种资源的功能，研究不同资源之间的协同和配合，最大限度地发挥资源的教育价值。要根据幼儿的兴趣和需要，组织和改造资源，将基本资源和辅助资源有机结合起来。要从幼儿的年龄特点出发，确保活动资源的可选择性、可获得性、适宜性和挑战性，要真正满足幼儿活动的需要，促进幼儿持续学习。要深入关注幼儿利用资源进行互动的过程，发现问题，加强指导，使资源在活动的过程中真正转化为幼儿的经验。

“幼儿园区域活动指导丛书”的作者就是基于以上思考，依托江苏省“双师型”名师工作室与江苏省高校“青蓝工程”优秀教学团队的力量，立足幼儿园区域创设与活动实施中的真实问题，在《幼儿园工作规程》《3—6岁儿童学习与发展指南》《幼儿园保育教育质量评估指南》等文件精神引领下，基于“经验视野下幼儿园区域创设与活动指导”的科学观念与实践策略，对生活区、语言区、角色区、科学区、数学区、建构区、美工区、公共区域等八个不同区域进行系统的研究和总结，凸显了丛书的全面性与引领性。此套丛书既有理论思考，又有实践关怀，让我们看到了幼儿园区域活动的独特魅力与丰富价值。

期待该丛书能为更多幼儿园区域规划、环境创设、活动实施提供有益的借鉴与指导，更好地实现幼儿个性化全面发展的需要，为学前教育高质量发展贡献力量。

2024年8月

丛书前言

区域活动是江苏省幼儿园课程游戏化项目的主要建设内容，也是课程游戏化项目推进中的一个难点。苏州市吴江区作为江苏省幼儿园课程游戏化项目区域推进的先行者之一，多年来在区教育局、教研室以及高校专家的引领下，持续深入地对室内区域环境创设与活动指导进行研究探索、反思优化，已形成了相对成熟的理论架构与实践经验，现将实践成果凝练成文并出版，以期与所有幼教同仁共同研讨。

1. 区域活动是践行“游戏是幼儿园基本活动”理念的重要途径

2001 年，教育部颁印的《幼儿园教育指导纲要（试行）》指出，“尊重幼儿身心发展的规律和学习特点，以游戏为基本活动”，“幼儿园应为幼儿提供健康、丰富的生活和活动环境，满足他们多方面发展的需要，使他们在快乐的童年生活中获得有益于身心发展的经验”。基于幼儿经验全面发展需要，创设种类多样、数量丰富的区域，投放充足、适宜的区域材料，可满足幼儿通过“直接感知、实际操作、亲身体验”获取经验的需要。

2. 区域活动是克服幼儿园“小学化”现象的重要策略

2011 年，《教育部关于规范幼儿园保育教育工作　防止和纠正“小学化”现象的通知》指出，“创设适宜幼儿发展的良好条件，整治‘小学化’教育环境。幼儿园要创设多种区域活动空间，配备丰富的玩具、游戏材料和幼儿读物，为幼儿自主游戏和学习探索提供机会和条件”。2018 年，《教育部办公厅关于开展幼儿园“小学化”专项治理工作的通知》提出，“对于未按规定创设多种活动区域（区角），未提供充足的玩教具、游戏材料和图书，缺乏激发幼儿探究兴趣、强健体魄、自主游戏的教育环境的，要调整幼儿园活动区域设置，合理利用室内外环境，创设开放的、多样的区域活动空间，并配备必要的符合幼儿年龄特点的玩教具、游戏材料、图画书”。

3. 区域活动是落实江苏省幼儿园课程游戏化精神的重要内容

2014 年，江苏省教育厅、财政厅《关于开展幼儿园课程游戏化建设的通知》指出，“构建游戏化活动区域。以尊重幼儿兴趣爱好、激发幼儿自主活动为宗旨，根据课程实施进展情况，创建数量充足、种类多样、材料丰富、与幼儿发展相适宜的游戏区域。区域活动中教师注重观察、适当介入、有效指导，为幼儿主动发展提供条件保障”。作为课程游戏化实施的重要载体，不同种类、不同难度的区域活动为幼儿提供了丰富的内容选择与广阔的挑战空间，激发了幼儿的活动兴趣与探索欲望，促进幼儿积极建构新经验，极大地转变了以“端坐静听”为主的教学方式。

4. 区域活动是实现学前教育高质量发展的重要举措

2023 年 7 月，《教育部 国家发展改革委 财政部关于实施新时代基础教育扩优提质行动计划的意见》明确要求，“加快构建幼有优育、学有优教的高质量基础教育体系”。高质量学前教育的核心在于实现每位幼儿在自己原有基础上的最优发展，即个性的全面发展。教育部《幼儿园工作规程》提出，“幼儿园应当根据幼儿的年龄特点指导游戏，鼓励和支持幼儿根据自身兴趣、需要和经验水平，自主选择游戏内容、游戏材料和伙伴，使幼儿在游戏过程中获得积极的情绪情感，促进幼儿能力和个性的全面发展”。

本套丛书共分 9 册：《经验视野下幼儿园区域创设与活动指导》《幼儿园区域创设与活动指导：生活区》《幼儿园区域创设与活动指导：语言区》《幼儿园区域创设与活动指导：角色区》《幼儿园区域创设与活动指导：科学区》《幼儿园区域创设与活动指导：数学区》《幼儿园区域创设与活动指导：建构区》《幼儿园区域创设与活动指导：美工区》《在同构、互融中共生——幼儿园公共区域创设与活动指导》。全套书由总到分，系统涵盖幼儿园主要区域类型，指向幼儿经验全面发展需要。当然，本套丛书也是一个开放的体系，后续的音乐区等相关区域如有好的探索成果，我们会继续丰富。

本套丛书的每一分册都从一个区域的研究现状与趋势出发，链接《3—6 岁儿童学习与发展指南》，从核心价值与联动价值两个方面分析区域活动经验价值；基于区域价值的实现进行区域创设，包括空间规划、环境创设、材料投放、规则制定与标识创设等；在区域创设的基础上，放手让幼儿自主活动，教师进行观察、倾听，适时、适宜地进行区域活动的指导；探索不同区域之间、区域活动与其他活动之间的有机联系、相互渗透的路径与方法。本套丛书将理论与实践有机结合，注重案例启发，对开展幼儿园区域活动有较好的借鉴意义。每册书图文并茂，区域创设、活动指导的路径与策略通俗易懂，旨在为幼儿园教师提供全面、实用的指导方案。

本套丛书的顺利出版得益于江苏省“双师型”名师工作室和江苏省高校“青蓝工程”优秀教学团队的资助，得益于苏州幼儿师范高等专科学校、吴江区教育局的大力支持。本套丛书是全体作者共同努力的成果，编写时借鉴、参考了国内外已有的研究成果，在此向一路上给予支持与帮助的领导、前辈和同行表示由衷的感谢！

本套丛书参与者较多，尽管每个人都尽了很大努力，但由于研究能力所限，丛书内容尚未完全达到理想的状态，难免存在错误、缺漏和不当之处，敬请广大读者批评指正！

张　晗　王亚红

2024 年 8 月

前言

幼儿园美工区是幼儿感受美、表现美、创造美和接受劳动教育的重要场所，是幼儿表达自己对周围世界的认识、情绪和态度，发展审美力、想象力、创造力、动手能力的重要载体。

本书集中展示了苏州市吴江区八坼幼儿园和庙港幼儿园美工区建设的最新成果。本书梳理了幼儿园美工区的相关研究和实践问题，从美工区对幼儿发展的经验价值切入，进行区域环境创设，满足幼儿通过“直接感知、实际操作、亲身体验”获取经验的需要；以观察为基础，组织实施美工区活动，提升美工区活动的适宜性与有效性，实现幼儿的全面发展与个性化培养。

本书共分七章，分别为美工区概述、美工区经验价值分析、美工区空间规划与环境创设、美工区规则制定与标识创设、美工区材料投放、美工区活动实施与指导、美工区活动与其他活动的融合。内容凸显理论与实践的结合：理论部分，系统阐述美工区的概念、特征及相关研究等；实践部分，通过大量真实案例和富有条理且翔实的活动实录，细致分析空间规划与环境创设、规则制定与标识创设、材料投放等，内容具体且可操作性强，能为幼儿园教师及学前教育师范生开展美工区活动提供借鉴与参考。

本书具有三个显著特点：(1) 前瞻性。基于儿童经验发展指向及《幼儿园工作规程》（以下简称《规程》）、《幼儿园教育指导纲要》（以下简称《纲要》）、《3—6岁儿童学习与发展指南》（以下简称《指南》）等文件理念，贯彻江苏省幼儿课程游戏化精神，借鉴最新理论成果，在遵循规律的基础上注重成果创新。(2) 实践性。针对美工区教育实践中的问题，从区域适宜性、有效性视角出发，总结实践经验与智慧，形成简单、可操作的策略，给予读者启示和借鉴。(3) 可读性。以导图引领、图文并茂等多种形式呈现，语言文字浅显易懂，便于读者轻松理解和掌握。

本书是在苏州幼儿师范高等专科学校张晗教授伴随式指导下完成的，撰写过程中参考了大量国内外学者、幼教工作者的相关学术著作、实践案例，也得到了苏州大学出版社的大力支持，在此一并表示感谢。

本书是多年理论研究与实践探索的结晶，但由于笔者水平有限，书中难免有不当、不足之处，还望各位读者批评指正。我们将永续前行，不断优化与完善幼儿园美工区建设的理论与实践。

目　录

第一章　寻根觅源　知常达变——美工区概述 …………………………… 1

第一节　美工区的内涵与价值 …………………………………… 2
第二节　美工区的相关研究 ……………………………………… 4
第三节　美工区创设与活动指导的策略……………………………… 11

第二章　价值引领　有的放矢——美工区经验价值分析………………… 19

第一节　美工区经验价值概述………………………………………… 20
第二节　美工区经验价值分析………………………………………… 24

第三章　系统规划　润物无声——美工区空间规划与环境创设………… 35

第一节　美工区空间规划与环境创设概述…………………………… 36
第二节　美工区空间规划与环境创设的策略………………………… 42
第三节　美工区空间规划与环境创设案例…………………………… 47

第四章　循规蹈矩　因势利导——美工区规则制定与标识创设………… 57

第一节　美工区规则与标识概述……………………………………… 58
第二节　美工区规则制定与标识创设的策略………………………… 64
第三节　美工区规则制定与标识创设案例…………………………… 75

第五章　丰富适宜　动态调整——美工区材料投放……………………… 83

第一节　美工区材料投放概述………………………………………… 84
第二节　美工区材料投放的基本要求………………………………… 97
第三节　美工区材料投放的策略 …………………………………… 104
第四节　美工区材料投放案例 ……………………………………… 109

第六章　观察为基　有效互动——美工区活动实施与指导 …… 117
第一节　美工区活动实施与指导概述 …… 118
第二节　美工区活动实施与指导的策略 …… 127
第三节　美工区活动实施与指导案例 …… 133
第七章　自然联结　融合共生——美工区活动与其他活动的融合 …… 151
第一节　美工区活动与主题活动的融合 …… 152
第二节　美工区活动与生活活动的融合 …… 160
第三节　美工区活动与户外活动的融合 …… 165
第四节　美工区活动与教学活动的融合 …… 169
主要参考文献 …… 175
后　记 …… 178

第一章 寻根觅源　知常达变

——美工区概述

内容简介

美工区旨在为幼儿营造良好的艺术氛围，培养幼儿的审美能力。本章从美工区概念和特征出发，挖掘其教育价值。通过梳理国内外美工区的相关研究，结合相关实践，探索美工区创设与活动策略，丰富幼儿想象力和创造力，使其充分发现和感受美，表现和创造美。

思维导图

- 第一章　寻根觅源　知常达变——美工区概述
  - 第一节　美工区的内涵与价值
    - 美工区的内涵
    - 美工区的价值
  - 第二节　美工区的相关研究
    - 国内外关于美工区的研究
    - 美工区的研究趋势
  - 第三节　美工区创设与活动指导的策略
    - 美工区创设的策略
    - 美工区活动指导的策略

第一节　美工区的内涵与价值

一、美工区的内涵

（一）美工区的概念

美工区是幼儿园为幼儿创设的进行美术创作的学习活动区域。为了增强幼儿的兴趣和参与动力，幼儿园通常会在美工区设置专门的作品墙，用以展示幼儿在教师的引导下创作的优秀美术作品。美工区活动指的就是教师在美工区为幼儿开设的一系列需要用到纸张、画笔、黏土、剪刀等材料的艺术创作活动，包括绘画、泥塑、剪纸等。在这一过程中，教师应当尽可能地为幼儿提供更多机会，让幼儿在自由探索和创造的氛围中进行艺术创作，以此培养幼儿发现美、感受美及创造美的能力。因此，美工区也被称作“美术角”，它为幼儿提供了自由欣赏和创作的活动空间。

（二）美工区的特征

幼儿园美工区旨在培养幼儿对美的感受力、想象力和表现力，促进幼儿综合素养的全面发展，让幼儿在轻松的氛围中，根据自己的喜好去尝试、体验创造的乐趣，享受游戏的快乐。从幼儿的兴趣爱好出发进行美工区的空间布局和布置，更有助于锻炼幼儿的欣赏能力、创造能力。基于此，幼儿园美工区具有以下几个特征。

1. 装饰性

美工区注重环境装饰的美观性，无论是悬挂式装饰还是墙面布置，多采用幼儿作品进行装饰。注重装饰的美工区对幼儿而言是充满吸引力的，能激发其更多的创作欲望。

2. 创造性

美工区空间相对自由。教师在有效发挥主导作用的同时，也充分调动每个幼儿的主动性、创造性，尤其重视培养的幼儿想象力和创造力，让幼儿能自由取用丰富多样的材料、自主确定艺术创作的主题、选择创作的各种方法。相较于美术教学活动，美工区创作更能彰显幼儿的个性。

3. 审美性

审美是幼儿复杂认知方式的重要组成部分，也是幼儿感知世界的重要方式。当幼儿参与美工区活动时，往往会运用多重感官整体感知美工区，其中既有理性的思考，也有感性的感受与体验，更有审美的需求和要求。

4. 自然性

美工区是一个充满自然气息的地方。美工区的自然材料往往是由幼儿和家长一起收集的，如秋天的树叶、掉落的松果、洗净晒干的贝壳等，越来越受到幼儿喜爱。

二、美工区的价值

美工区在促进幼儿全面发展的同时，弥补了集体艺术活动的不足，这是实现教育目标的有效途径，有着不可或缺的教育价值。

（一）增强幼儿感受与欣赏美的能力

幼儿处在直觉行动思维阶段，通过形象、声音、色彩及动作进行思考。美工区活动中，幼儿感知觉的发展主要是通过对事物的色彩、形状、线条等组成要素的感知实现的。3—6 岁幼儿具有较强烈的感知力与求知欲，因而在美工区活动中，教师可以提供多种生活材料，引导幼儿运用嗅觉、触觉、视觉和听觉等多种感官直接感知。

幼儿在美工区往往会将注意力停留在对他们来说具有审美意义的形象或色彩刺激较强烈的欣赏对象上。常见的美工材料对幼儿来说更生动形象、直观具象。教师可以为幼儿提供充分的材料和资源，挖掘幼儿的感知潜力，使其获得足够的感知觉经验，形成敏锐的审美感知力。

（二）增强幼儿表现和表达美的能力

幼儿的审美表现在其对事物的体验感，而不是一种具象的认识。幼儿可能说不出事物美在哪里，却能感受到美、体验到美，获得审美情感上的满足。在美工区活动中，幼儿完成一幅艺术作品，既有成功感的获得，也得以表达情感。教师不难发现，幼儿在欣赏被倾注心血和情感的作品时获得的一种成就感，增强了他们的满足感和愉悦感。这对幼儿来说，是审美意识、审美表现的有效增强。

（三）促进幼儿想象力、创造力的发展

幼儿的想象是不受束缚的，他们由于年龄小，没有成人世界中的各种约束，可以尽情发挥天马行空的想象，可以超脱现实地去创造。他们有时会一边创作，一边自言自语，根据自己的想象来呈现想要表达的事物。这种想象就是幼儿的审美意象。想象是创造的基础，只有敢想，才敢创造。在美工区投放半成品材料或生活材料，可以让能力水平不同的幼儿进行不同的探索，促使幼儿不断思考，发挥创造性。在和谐平等的创作环境中倾听来自幼儿的声音，可以发现他们对生活有着独特的洞察和理解。

（四）增强幼儿的动作协调性和灵活性

美工区为幼儿提供自由创作的空间。幼儿根据自己的兴趣爱好选择材料，尝试独立操作，进而不断尝试探索出新的活动方法。幼儿手部动作发展迅速，小肌肉群精细动作持续发育。幼儿通过剪剪贴贴、做做玩玩活动中的剪、粘、扭、折、扯等动作，发展手眼协调能力；在操作材料和使用工具中，不断尝试、重复，增强动作的灵活性。

第二节　美工区的相关研究

一、国内外关于美工区的研究

（一）国内关于美工区的研究

截至 2024 年 6 月，在中国知网数据库按“主题”检索“幼儿园区域活动”，可查询到的相关文献资料约 4 000 篇；按“主题”检索“幼儿美工区活动”，所查询到的文献资料约 1 200 篇。这表明我国幼儿园区域活动研究成果丰硕，幼儿美工区活动研究还有待进一步深入。基于相关文献资料与研究现状，笔者进行了进一步的探究。

1. 对美工区活动宗旨的研究

《指南》提及学前儿童艺术教育问题，指出幼儿艺术领域学习关键在于充分创造条件和机会，在大自然和社会文化生活中萌发幼儿对美的感受和体验，丰富其想象力和创造力，引导幼儿用心感受、发现美，用自己的方式表现和创造美。基于此情况，教师在组织美工区活动时，要引导幼儿学会准确地用语言将美丽的事物表达

出来，不断鼓励他们大胆地去表现自己，从而有效激发他们参与艺术活动的兴趣，熟练运用美工区材料，将自己的想法通过作品展示出来。教师要引导幼儿与材料进行“互动”，从而感受艺术的魅力。

其中，姚孔嘉认为，美工区是幼儿自由表达想法、释放情感、自由探索的主场所，教师应将美工区创设成一个让幼儿感受美、表现美的小天地，为幼儿的游戏、学习与创作等提供适宜环境与有利条件，营造寓教于乐的艺术氛围，让幼儿可以自由地观察，更加投入地欣赏不同的艺术作品。在美工区，不应束缚幼儿个性化思维的发展，要引导其选择不同的工具，与同伴分享、合作，从而有条不紊地进行创作活动，进一步培养其创造力与审美能力。[1]

幼儿艺术教育旨在培养孩子对艺术的兴趣，丰富他们的感性经验，启发他们用各种艺术的手段表达自己的情感，感受表现美、创造美的乐趣。美工区活动是幼儿按照自己的意愿和兴趣来表达自己的体验和情感的极好形式。当幼儿在美工区按照自己的意愿去进行创作时，教师要做引导者、参与者，而非干预者，给予他们大胆探索的时间与空间，使他们在美工创作中获得巨大的乐趣与满足。[2]

教师要根据幼儿的发展需求、兴趣爱好制定美工区教学内容，明确教学目标，引导幼儿主动参与，发挥主观能动性。李琳也认为美工区活动应根据幼儿的具体情况去创设，同时强调幼儿的自主性、兴趣性，为今后的自主学习奠定扎实的基础。[3] 合理化利用美工区活动，不仅可以挖掘幼儿的学习潜能，还可以改善传统教育教学的现状，让幼儿由被动地学习、被动地游戏转变为主动地参与。

近年，我国一些学者在该领域取得了一定的研究成果。例如，北京师范大学霍立岩提出，幼儿园区域活动这种新兴的教育形式在本质上与传统的集体式的幼儿教育有着较大的差异，他认为幼儿园美工区活动的开展，其根本目的在于通过鼓励幼儿开展实践及艺术创作，挖掘幼儿的潜力，为幼儿潜力的发挥提供合适的环境支持。霍立岩还指出，在美工区活动中，教师不再是幼儿活动的领导者，而是幼儿进行自主探究与艺术创作活动的观察者和引导者。

2. 对美工区材料投放的研究

在美工区活动中，教师要科学、合理地投放材料，从安全、健康的角度去考虑幼儿的发展需求。关于美工区的材料投放，教师需要遵循以下原则：第一，卫生干净，保障幼儿的安全、健康；第二，经济环保，关注生态环境问题；第三，新颖有趣，契合幼儿对未知事物的探索；第四，难度适中，给予幼儿更多可操作的空间和

[1] 姚孔嘉. 美工区的创设与指导 [J]. 教育导刊（幼儿教育版），1998（4）：13-14.
[2] 胡文英. 小班美工区活动材料投放的策略 [J]. 上海教育科研，2010（11）：88-89.
[3] 李琳. 幼儿园美工区活动研究 [J]. 学理论，2011（11）：275-276.

时间；第五，层次丰富，考虑满足不同幼儿的发展需求。

朱若华曾对幼儿园美工区的材料投放方式做了深入调研，从材料的开放性、封闭性、软硬度等方面切入，指出了当下幼儿园美工区活动存在的问题，并重点阐述了美工区材料投放要避免类型单一、数量不足、更换频率低、层次不分明的情况发生。[1] 适时地增强材料投放的有效性、丰富性，更能契合幼儿的兴趣爱好，更符合他们的身心发展规律。设置不同主题的美工区活动，依据班级实际情况进行环境布置，真正了解幼儿的所思所想。

我国学前教育领域知名学者葛春晖认为，在幼儿园美工区活动中投放物质材料时，教师需要注意以下几点：首先，教师应当精心选择要投放的物质材料，充分考虑幼儿身心发展的特点及兴趣爱好，使幼儿能够从投放的物质材料中感受到趣味性，从而更加积极地在美工区自由探索；其次，教师需要确保投放的物质材料有足够的操作性，也就是说投放的物质材料不能过于简单，否则，难以让幼儿在操作过程中感受到探索与艺术创造的乐趣；最后，投放的材料不能过于复杂，否则不利于幼儿进行操作和探索，容易导致幼儿对物质材料失去探索的兴趣。[2]

南京师范大学虞永平在《幼儿教育观新论》中指出，物质材料在幼儿园美工区的投放对幼儿参与游戏活动及探索活动有着重要的影响。虞永平认为，在投放物质材料时教师在潜意识中对幼儿可能的表现有心理预期，这种心理预期会促使教师在投放物质材料过程中尽可能地遵循能够激发幼儿参与活动的兴趣的原则。同时，物质材料的投放应兼顾不同材料之间的组合性及丰富性，让幼儿能够充分发挥想象力和创造力，选择和使用不同的材料，进行实践探究和艺术创作，进一步锻炼幼儿的实践动手能力及艺术审美能力。[3]

朱家雄认为，在美工区开展区域活动时，教师如何投放物质材料及投放物质材料的时机和内容，都需要精心设计。比如，在美工区开展绘画等艺术创作活动时，教师要考虑投放的物质材料是否符合幼儿的实际需求。另外，朱家雄还指出，教师不应当将自己束缚在固定的物质材料投放思维模式中，而是应当根据幼儿的思维特点和兴趣爱好，灵活地选择和投放适当的物质材料，让幼儿能够在美工区活动中展现出更强的可塑性及发展性。[4]

总体而言，当前，我国对幼儿园美工区活动材料投放策略方面的相关研究还处于起步阶段，所取得的研究成果尚停留在表面，缺乏深度，相关研究还有待进一步加强。

---

[1] 朱若华．幼儿园活动区材料投放方式与儿童行为的研究［D］．上海：华东师范大学，2005.

[2] 葛春晖．试论幼儿区域活动材料的投放［J］．学周刊，2011（10）：66-67.

[3] 虞永平．幼儿教育观新论［M］．北京：人民教育出版社，2006.

[4] 朱家雄．幼儿园课程［M］．上海：华东师范大学出版社，2003.

3. 对美工区环境创设的研究

通过查阅、搜集、整理与课题有关的文献资料可知，在美工区环境创设方面，众多的研究者将关注的重点放到了空间布置上。创设幼儿园美工区环境时，首先要关注美工区的操作材料，根据幼儿的身心发展特点，投放适合幼儿成长的材料，为幼儿创设可以思考创作的环境，营造安静、舒适的教学氛围。

李生兰早在 1996 年调查研究中就发现，部分幼儿园美工区的环境创设存在不合理之处。他认为有些区域活动成了教室的一个摆设，很难使幼儿进入美术学习状态。活动环境不够宽敞，甚至在环境的创设上浪费了有限的空间，且没有明显的界线和标志，导致教学效率难以提高。[1]

4. 对美工区活动指导的研究

在活动指导方面，李生兰在研究中指出，部分教师未能完全形成以幼儿为主体的观念，他们将主要的精力用于监督幼儿活动。这虽然让美工区看起来更加整齐规范，但是也在一定程度上抑制了幼儿天性的发展，阻碍了其创造性思维的发展。[2]

左文玲也认为，一些教师在幼儿美工区操作指导上存在认知偏差：比如美工区活动的材料准备、设置等都是由教师一手包办的；面对幼儿的求助，教师并没有引导他们尝试自主思考，而是直接给予了帮助。教师要以问题为导向来引导幼儿进行主动和深度思考，要帮助幼儿对问题进行梳理和剖析，通过建构具有梯度性的问题链的方式来深化和拓展幼儿的学习经验。[3]

曹鑫莉结合实际的教学状况与美工区活动内容，指出幼儿教育中的“误区”：教师在未仔细观察幼儿的情况下就给出了指导性的建议，剥夺了幼儿的发言权、自主权，非常随意，没有一定的规划性。教师应当在创设和开放活动区的时候，先介绍美工区材料的操作方法、玩具玩法及相应规则；然后注意观察幼儿在美工区的表现，关注幼儿的参与情况、与同伴的互动情况、操作材料的使用情况，在幼儿遇到困难的时候及时给予指导和帮助。[4]

李会敏通过在美工区的实际观察与访谈，对幼儿教师的“行为”进行了全面、深入的分析，发现部分教师的指导方式和指导内容缺乏一定的“规划性”，她认为教师在传授知识时，应注重与幼儿的交流互动，关注活动的过程而非结果，这样才能更好地增强幼儿的创造能力。[5]

---

[1] 李生兰．美国学前教育的特点及启示 [J]．学前教育研究，2002（3）：74-76.

[2] 李生兰．美国学前教育的特点及启示 [J]．学前教育研究，2002（3）：74-76.

[3] 左文玲．支持幼儿开展自主学习的原则与策略 [J]．学前教育研究，2023（11）：91-94.

[4] 曹鑫莉．区域活动中幼儿“偏区”现象的原因及指导策略 [J]．家教世界（现代幼教），2016（2）：6-7.

[5] 李会敏，侯莉敏．幼儿园区域活动概念辨析 [J]．基础教育研究院，2006（2）：50-51.

（二）国外关于美工区的研究

区域活动的研究起源于19世纪的西方国家。为了给幼儿提供自由发展的空间，促进个性化教育的发展，蒙台梭利最先提出了让幼儿在特定的环境中学习，建立以区域活动为主体的教学模式，引导幼儿自主学习、研究、思考，从而让幼儿获得更加全面的发展。区域活动是蒙台梭利教育中一种非常重要的组织形式，其重点在于使幼儿的发展更加具有独特性，反对机械化的教学模式，尊重幼儿的个体化差异。

1. 对美工区活动宗旨的研究

蒙台梭利教育为幼儿区域活动发展提供了思路，其中美工区活动为幼儿提供了更加丰富多彩的主题内容，旨在重点培养幼儿的审美力、创新力、思维力。美工区活动主要包括绘画、泥工、陶艺，这样的环境互动有助于幼儿形成良好的审美素养。

安·S. 爱泼斯坦（Ann S. Epstein）、伊莱·特里米斯（Eli Trimis）曾就幼儿艺术教育提出了一些观点，认为：教师要重视幼儿艺术培养，通过在日常教学中开设美术特色课程，引导幼儿认识世界，拓宽知识视野；幼儿在课堂中的主体地位应该得到体现；教师要重视幼儿艺术创作的过程，让幼儿主动构建自己的知识体系；同时，也要不断反思幼儿教育过程，发现问题，及时改进，从而更有效地增强幼儿的艺术创新能力和表现能力。[1]

2. 对区域材料投放的研究

材料作为美工区建设的基础，对建设良好美工区具有积极的促进作用。国外研究者也曾提出，有趣的材料可以更好地帮助幼儿提升自身的综合技能，从而激发幼儿强烈的创造欲望，满足幼儿对新事物的好奇心。

尽管不同研究者从不同的角度探究美工区材料投放的问题会有不同的发现，但是最基本的观点认为，美工区材料投放必须结合幼儿的知识水平和生活经验，避免难度过大，以免打击幼儿参与学习的自信心。依据幼儿具体情况，教师在美工区投放丰富的材料，不仅可以增加彼此之间的互动，还可以充分发挥美工区的教育功效。

早在20世纪初，蒙台梭利就提出，在幼儿教育中应重视发掘幼儿自身具备的潜力，这种潜力仅靠教师的教育是无法有效激发的，更多地需要幼儿自主探索和发掘。在这一点上蒙台梭利认为，如果教师能够为幼儿提供适宜的活动环境，即在场所中投放具有可操作性与可探索性的材料，并且赋予幼儿足够的自主性，幼儿在一定程度上就能在相应的环境中操作这些材料，进行自我训练，从而增强自己的能力。蒙台梭利还指出，在这种特定环境中，物质材料的投放需要循序渐进：一开始投放一

---

［1］ 安·S. 爱泼斯坦，伊莱·特里米斯．我是儿童艺术家：学前儿童视觉艺术的发展［M］. 冯婉桢，吴建涛，毕中倩，等译．北京：教育科学出版社，2012.

些简单的材料，以起到吸引幼儿注意力和兴趣的作用；在幼儿熟悉材料后，可以逐步过渡到更加复杂、操作性更强的材料，让幼儿能够在更多的自主操作和探究中实现自我教育。可以说，蒙台梭利的这种教育理论对后世幼儿园区域活动的开展及物质材料的投放具有重要的影响。

瑞士著名儿童心理学家皮亚杰曾指出，幼儿的学习活动是主动构建的过程，幼儿就是这一过程的主体。他认为，幼儿只有积极参与幼儿园活动并进行相关的探索和操作，才能不断增强认识并获得相关知识。在幼儿园相应的区域中投放物质材料，并让幼儿进行操作，能使幼儿在这个过程中获得感性与理性方面的经验，因此他认为材料的可操作性对幼儿活动及探究成果有很大的影响。

总体来说，西方对于幼儿园区域活动及材料投放相关方面的研究起步要明显早于我国，且经过多年的发展已经逐渐形成了一套系统性的教育理论研究体系。但是，目前相关领域的研究发展处于停滞阶段，需要通过更多的实践来发现更多深层次的内容。

3. 对美工区环境创设的研究

在国外课程中，教师注重对美工区环境的设置，会对区域位置进行详细的规划，以避免在实际操作中影响幼儿的发挥。根据每个幼儿的特性，设置各种主题的美工区活动，这对促进幼儿认知能力、情感发展有着非常积极的作用。此外，在美工区活动中对墙面的设置也是非常重要的。根据学习阶段的不同，定期更换墙面布置，可以从视觉、触觉等多方面去调动幼儿的感官，在潜移默化中促进幼儿健康成长，塑造其健全的人格。

在美工区活动中，教师要不断反思自己的指导行为，以幼儿为中心，引导幼儿在活动中与同伴交流、解决问题，从而使幼儿获得整体性的发展。

二、美工区的研究趋势

结合当前国内外对幼儿园美工区的研究情况，对幼儿园美工区的研究趋势进行一定的梳理。

（一）有关美工区材料投放的研究呈现出层次性发展的趋势

当前国内外对于美工区物质材料投放的研究指出，应当考虑物质材料的可操作性，让幼儿能够在美工区活动中选择使用相应的物质材料，开展探究与艺术创作。下一阶段针对这一方面的研究将更倾向于对物质材料的可操作性进行深入探究与细分，最直观地体现在教师更进一步考量幼儿之间的差异性。不同年龄段的幼儿对物质材料的兴趣及喜好程度有着差异性，如在泥塑活动中，小班幼儿可能会选择捏一些可爱的动物或者自己喜欢的卡通人物，中、大班幼儿可能会捏与自己最要好的朋友或者家人。不同性别的幼儿对投放的物质材料的选择和使用存在差异性，如在绘画活动中，女孩可能会喜欢画一些漂亮的洋娃娃、美丽的风景；男孩可能会喜欢画卡通形象或者天马行空的各种想象场景。此外，教师还需要考虑不同幼儿之间动手操作能力的差异性，比如，在剪纸活动中，一些幼儿手指的灵活性相对较好，剪出的作品会更加出彩；而一些动手操作能力相对较差的幼儿剪出的作品可能就没那么出彩。这些不同层次之间的差异性都应当是该领域下一阶段的研究继续深入的内容。

例如，李丹丹在《幼儿园小班美工区物质材料投放存在的问题及对策研究》一文中指出，不同年龄段幼儿实际动手的能力、游戏水平存在差异，教师在美工区物质材料投放时需要考虑这些差异。对于刚进入幼儿园的小班幼儿，应尽可能地在美工区投放相对简单的材料，如蜡笔和画纸，鼓励小班幼儿尽情地发挥自己的想象力和创造力，在画纸上进行自由的表现。她还指出，同一年龄段的幼儿在某一水平上的发展情况也有着差异性。这时，教师需要做到认真观察每一名幼儿在自由探索中的表现，加强对幼儿特点和实际能力的了解；在今后美工区物质材料投放中要考虑到发展较为缓慢的幼儿的需求，为他们投放操作性相对简单的物质材料，以满足这一类幼儿的发展需求。[1]

（二）有关幼儿参与美工区活动的研究呈现出实际性发展的趋势

随着国内对幼儿参与美工区活动的研究不断深入，越来越多的学前教育工作者意识到了该方面的研究更需要立足幼儿园美工区实践活动，通过实践带动理论形成。在这一方面，笔者认为下一阶段将更加趋向于研究如何有效地引导幼儿参与。也就是说，在美工区进行空间设置、材料投放时，教师需要考虑到幼儿自身的特点：幼儿年龄较小，虽然对很多事物都表现出了较为旺盛的好奇心及探索欲，但是这种好奇心和探索欲往往持续时间较短。这是幼儿这一年龄段的一大特点，直观地体现为在美工区开展各式各样的活动时，幼儿的注意力可能会被其他幼儿正在进行的活动吸引，幼儿可能会放弃自己手上正在进行的活动去参与其他幼儿的活动。因此，在下一阶段的研究中，学前教育领域的教育工作者应当考虑结合实际情况进行探究。

例如，刘雪梅在《幼儿园美工区材料的有效投放及实践研究》一文中指出，教师需要尽可能地确定相应的活动目标，并且在进行物质材料投放时考虑幼儿的实际情况。她提出，教师可以考虑在美工区投放物质材料的时候围绕一个具体的活动目标来开展。也就是说，如果教师想要通过绘画活动培养幼儿的审美能力，那么就可

[1] 李丹丹．幼儿园小班美工区物质材料投放存在的问题及对策研究［D］．大连：辽宁师范大学，2015.

以向美工区投放各种绘画材料和工具。[1] 出于对实际情况的考虑，围绕“美丽的大自然”这一主题，教师可以借助多媒体设备引导幼儿对主题及投放的各种材料形成更加清晰的认识，从而激发幼儿的创作灵感，让幼儿能够更加专注地投入美工区活动。

又如，谢雪琴在《浅议幼儿园美工区材料投放现状及策略》一文中提出，在美工区进行物质材料投放时，教师需要考虑围绕着一个具体的学习目标，引导幼儿进行自由探索和艺术创作。她指出，在美工区投放物质材料时，教师应当考虑到是否出于某种教育目的和教育功能，要进一步体现通过美工区活动促进幼儿发展的目的。在这一点上，她指出教师应当考虑不同年龄段幼儿成长和发展的实际需求，制定合理的目标。[2]

（三）有关美工区活动评价的研究呈现出完善发展的趋势

从国内外对该领域的研究现状来看，美工区活动评价体系方面的研究相对较少。笔者认为，在幼儿园美工区活动中建立起完善的评价体系有较深的研究价值，能够进一步帮助学前教育工作者深入探寻美工区活动有效开展的策略。

李明阳在《大班美工区活动开展现状与提升策略研究——以信阳市幼儿园为例》一文中建议，教师要重视美工区活动，并在现有的基础上将评价体系融入美工区活动中，通过评价体系的建立帮助教师逐步完善美工区活动的教育策略[3]，促进美工区活动有效性的提高。

第三节　美工区创设与活动指导的策略

一、美工区创设的策略

（一）美工区环境创设

创设多元的艺术环境，能够丰富幼儿的审美感知和经验。简约的用色使环境具有美感。借助材料柜结构进行立面组合，使布局合理、色彩和谐，有利于激发幼儿的想象力，在环境中播下美的种子。

[1] 刘雪梅．幼儿园美工区材料的有效投放及实践研究［J］．课程教育研究，2019（19）：117-118.

[2] 谢雪琴．浅议幼儿园美工区材料投放现状及策略［J］．读与写，2020（26）：273.

[3] 李明阳．大班美工区活动开展现状与提升策略研究：以信阳市幼儿园为例［D］．信阳：信阳师范学院，2020.

1. 区域环境

创设美工区环境时，应营造相对安静的氛围，在开放性的环境中也要注意适当地封闭，避免干扰。一些幼儿园在规划区域时，未能做好动静分离，这就导致幼儿在美工活动中容易受到干扰，无法专注探索、创作。美工区应该选择靠水源比较近的位置，以方便取水；同时应保证采光良好，保护幼儿的视力。如果自然光线不足，可以灯光辅助。此外，美工区的地面宜铺设既方便清洗又防水防滑的地垫，让幼儿在进行地面玩色游戏时也能安心活动，自主探索，真正地沉浸在美的世界里。

2. 空间布局

在选区之后，幼儿根据自己的兴趣选择玩色、泥工、绘画、剪纸、折纸等不同的美工活动时，常常会询问："老师，我应该在哪个位置上玩？"若没有固定的位置，幼儿随意进行，在具体的操作时就会比较混乱，所以美工区应该有适当的定点分区。幼儿园可按空间布局将美工区划分为绘画区、手工区、艺术欣赏区。无论是在操作过程中还是在整理环节，定点分区都可以营造出一种秩序感。例如，绘画区的幼儿坐在一起，可以共享绘画材料；手工区的幼儿在操作时可以合作互助，增进交流。最后，各区幼儿将桌面材料进行整理时，也会比较有序。

从美工区的研究现状来看，空间布局方面还存在一些问题。例如，幼儿可创作的地方集中在桌面和操作台，较为局限，幼儿园可以将编织、涂鸦、粘贴、绘画等一些操作性活动适当地拓展到墙面空间，若墙面空间不足，则可以用悬吊的方式增加立面空间。如若整体空间不够，可以灵活调整柜子，扩充空间，提供画架、画板，甚至可以利用地面，铺设纸张或画布进行创作。只要用心，处处都能成为幼儿大胆创造美的空间。

3. 幼儿与环境互动

环境中有无声的课程，蕴含着丰富的教育价值。美工区活动环境创设应从幼儿视角出发。美工区内除设置工具、材料柜外，还应适当进行墙面的"留白"。空白墙面可以作为操作平台，供两名及以上幼儿自由组合，探索创作，让幼儿与环境实现有效互动，为在美育中培养幼儿的社会交往能力提供有利条件；也可以作为指导板块，将折纸图示和剪纸步骤图置于其中，让幼儿自主探索，发挥环境的教育指导功能；更可以将其作为作品展示区，将幼儿富有想象力和创造力的作品展示于此，与环境实现有效互动。

每所幼儿园的教室各不相同，空间各异。幼儿园要因地制宜地创设有特色的游戏氛围，以可变的环境顺应多变的活动。可悬挂直观形象、通俗易懂的区域标识，引导幼儿自觉遵守必要的规则，营造充满艺术美和色彩美的环境，提供艺术品、照片、模型等，使幼儿获得美感体验，继而培养审美力和表现力。在作品的展示上，既可将展示柜作为区域间的隔断，又可悬挂展示，实现空间延伸。以有限的环境创造无限的教育价值，助力幼儿在游戏中学习，实现全面发展。

（二）美工区材料投放

材料是开展美工区活动的基础。丰富多样的材料有利于幼儿充分表现美、创造美，引发新颖的构思、创意的联想。美工区材料多而杂，大致可分为欣赏类、绘画类、手工类。教师可以在美工区为幼儿提供丰富的可以感知的艺术作品，满足审美发展的需要，同时提供各种创作、表达需要的材料、工具，激发幼儿的创作、表达的热情。

1. 投放安全卫生的美工区材料

（1）保证收集的自然、废旧材料安全卫生。

《指南》中指出，要在大自然和社会文化生活中激发幼儿对美的感受和体验，丰富其想象力和创造力，支持幼儿收集喜欢的物品并与幼儿一起欣赏。幼儿园可以让幼儿适当地收集一些低结构的自然材料（贝壳、树叶、画、沙子、泥土、水果和蔬菜等）和废旧材料（奶粉罐），在创造性地使用中发现自然和生活中的美。但在收集的过程中，这些物品一定要经过清洗、消毒，再投放到美工区的材料架上。

（2）注意投放的材料、操作工具的安全性。

美工区工具、材料丰富多样。教师要引导幼儿学会正确使用工具，如在手工活动中，注意引导幼儿安全使用剪刀。一些辅助类材料，如珠子、毛球、粒状材料等要足够大，以防止幼儿塞进嘴巴和鼻子；材质要符合标准，无异味，安全环保。在操作过程中，教师要给予幼儿耐心的指导，避免因工具、材料使用不当而造成伤害，必要时让幼儿戴上儿童手套，以防被尖锐的材料刺伤、割伤，教导幼儿在操作中注意保护自己。

2. 注重材料的灵活性与层次性

（1）灵活运用，发挥创造性。

材料是幼儿游戏的活动支柱，是连接现实世界和想象世界的桥梁，因此材料要具备多样性、多用性和可探究性。[1] 然而，五花八门的材料令幼儿眼花缭乱，他们常常放下一物，又拿起另一物，只是单纯把玩材料，并非实际探索。因此，教师在投放材料时，除了要保证材料种类的丰富之外，还要注重灵活性，引导幼儿充分探索材料的一物多玩，发挥材料的多用性，让幼儿根据自己的意愿，自由组合、大胆创造，在与探究性材料的互动中发扬创新精神和发展实践能力。

---

[1] 葛春晖．试论幼儿区域活动材料的投放［J］．学周刊，2011（10）：66-67．

（2）层次分明，适时调整。

材料要具备一定的层次性，从简单到复杂，层层推进，如从单一的颜色到丰富的色彩等，以满足不同幼儿的发展需求。幼儿在不同年龄段游戏水平受经验影响存在个体差异，即使同龄幼儿也会因为个体差异无法同步。美工区经常出现不同层次的幼儿进行同种材料的操作的现象，结果是能力较弱的幼儿遇到困难时容易丧失挑战欲望，能力较强的幼儿则会因为难度太低而无法深入进行自主探索。因此，每位教师必须在了解本班幼儿的发展水平之后，根据实际情况，提供不同层次的材料，让幼儿通过美工区活动中的实践创新，实现在原有水平上的提升。美工区材料的投放是一个循序渐进的过程。教师要根据不同主题适当增加和减少材料，并不断调整，才能激发幼儿的操作热情。

3. 材料的规范管理与巧妙收纳

（1）材料分类摆放，规范管理。

杂乱的材料会让幼儿难以选择。经常有幼儿询问教师："剪刀在哪？彩色笔在哪？"幼儿在美工区的活动中，如果把时间一直浪费在寻找工具和材料上，就难以真正投入活动中。材料与工具混乱地投放，不仅让幼儿难以选择，而且在整理时更是令他们无从下手，没法进行有序的收纳，不利于培养幼儿良好的整理习惯。

如果以工具类、基本材料类、辅助材料类等对材料进行分柜放置，对材料进行整理收纳，并配上照片、图片等幼儿能一下辨认的标识，幼儿就能自主选择合适的材料。表 1-1 是某幼儿园美工区活动材料分类投放指引表。

表 1-1　美工区活动材料分类投放指引表

收纳篮	投放类别		
	工具类	基本材料类	辅助材料类
① 号收纳篮	剪刀	水彩笔	废旧纸张类
② 号收纳篮	双面胶	水粉颜料	废旧瓶罐类
③ 号收纳篮	胶水	马克笔	低结构饰物
④ 号收纳篮	泥工工具	油画棒	吸管
⑤ 号收纳篮	桌垫	蜡笔	毛根
⑥ 号收纳篮	棉签	各类彩纸	纸杯、纸盘
⑦ 号收纳篮	刷子	泥类	小木棒
⑧ 号收纳篮	调色盘	毛笔	自然物
⑨ 号收纳篮	拓印工具	半成品材料	毛线

（2）材料便于取放，巧妙收纳。

美工区的材料品种杂、数量多，如何归置收纳成了亟须解决的问题。材料的摆放要便于幼儿取放；收纳时使用透明收纳盒来存放材料，让幼儿能够清楚地观察到材料的种类，并在材料收纳盒与材料架上贴上匹配的标识，这样幼儿在归还物品时就会感到轻松。同时将各种材料分开摆放，不仅美观整齐，又有助于培养幼儿及时收放的习惯。

二、美工区活动指导的策略

一般来说，美工区活动的基本环节主要包括准备与计划、探索与创作、分享与评价。教师应针对不同环节重点采取合适的指导方法，合理规划活动时间。

（一）准备与计划环节

1. 支持幼儿的艺术创作想法

在美工区，大部分教师常常按自己预设的计划来开展活动，实际上应多倾听幼儿的内心想法。在准备阶段，教师要与幼儿共同商讨，根据其兴趣爱好和生活经验制订游戏计划，介绍新材料，激发幼儿创作的热情。在此阶段可以指导幼儿自主选择区域，以多种方式进行游戏体验，帮助幼儿有计划、有目的地进行艺术创作。

2. 满足幼儿的个性化需求

在游戏内容的选择上，形式多样：第一，可选择正在进行的主题，二次创造低结构材料，让幼儿明确要挑战的活动内容。第二，可随意表现，幼儿的想法天马行空，富有创意，有时候不经意间完成的作品更为惊艳。第三，对于基于已有经验生成的美工区活动，教师需要倾听幼儿的想法，新增材料，满足其个性化需求。

（二）探索与创作环节

1. 有效观察，适时介入

幼儿对材料的操作会直接受教师投放该材料的目的或意图影响。若教师将材料的使用方法限制在一定要求范围内，则幼儿会失去探索操作的乐趣，抱着完成任务的心态去操作，能力也得不到提高。幼儿对材料的使用应当是自由开放的。幼儿操作材料获得经验的过程应该是一个独立的、具体的、可以收获独特经验的过程。所以，教师在指导幼儿的操作时应仔细观察幼儿与材料的互动情况，进行及时的指导或给予支持，鼓励其自主探索、主动学习，发挥创造力。在幼儿创作过程中不断观察幼儿的行为表现，在多方面了解情况的基础上，适时适度指导，对幼儿的行为进行相对正确的研判，多倾听幼儿的想法，不做多余的干扰。

2. 积极互动，解决问题

（1）增强互动性的交流与合作。

区别于其他活动区，美工区能彰显幼儿的自主性和独特个性。幼儿选择美工区后，便会根据自己的游戏想法进行思考、探索、尝试、操作。幼儿在此区域中更习惯于进行独立游戏，沉浸在自己的实际操作中，不太愿意被干扰，缺乏交流与合作。因此，教师可适时为幼儿提供机会，如鼓励幼儿共绘一幅长卷，学会协商沟通，分工合作；也可以强带弱，如鼓励一些折纸能力强的幼儿带动折纸能力弱的幼儿。通过互助体验式教学帮助幼儿拉近与同伴的距离，促进幼儿之间的互动与交往。

（2）美工区与其他区域间的联动。

美工区的活动若与其他区域的活动产生互动和联结，能为幼儿提供更为广阔的自主空间，支持幼儿创造力的充分发挥。区域间互动能为幼儿提供更多交流和拓展的机会。例如：美工区与益智区的联动，可通过数学中的几何空间、规律排序，引导幼儿发现和表现对称美和规律美；与音乐区的联动，可通过感受音乐中 ABAB 的节奏美和韵律美，以点、线、面创造表现艺术的形式美和内容美；与阅读区的联动，可通过拓展游戏情节，让幼儿以绘画的形式续写故事、创编连环画、制作图书。

幼儿期是创造性思维形成的关键期，也是审美能力发展的最佳阶段。幼儿园应该实现活动区的自由开放和动态变化，既要允许区域之间互通和联动，也要允许材料在各个活动区之间流动。

（三）分享与评价环节

美工区的活动评价既是反馈，又是鼓励，是幼儿建立自信心的一种途径。幼儿从别人的评价中逐渐认识自己。越小的幼儿对这一点越是深信不疑，这符合幼儿的心理发展规律。幼儿由于年龄小，很多观点和想法都来源于成人及身边人给予的评价。然而，不难发现，在实际的美工区活动中，评价环节常常被忽视，教师对活动评价或含糊其词，评价不足；或避重就轻，过分强调技能发展，这些都将不利于幼儿的全面发展。在美工区活动中，分享与评价环节尤为重要。

1. 分享交流，丰富幼儿美感经验

较为具象的评价是对幼儿操作成果的展示和评析。不论幼儿的作品是何种形式，教师都应引导幼儿分析哪些方面值得继续学习，哪些方面通过努力可进一步提升。作品分析不仅对幼儿具有鼓励的作用，对发展幼儿的审美能力和提升幼儿的创作水平也起到推动作用。教师可通过一些作品展示，开展分享交流活动，给予幼儿相互讨论、表达想法的机会，保护和激发幼儿对美工区游戏的兴趣。无论交流还是展示，教师在引导幼儿时都应当用积极鼓励的语言，先肯定其认真、完整的介绍，然后引导幼儿去发现同伴在材料的选择、工具的运用及表现方式上的“美”，鼓励幼儿分

享更好的方法，以此来激发幼儿在后续活动中尝试新做法和新玩法。

2. 把握时机，进行多种形式评价

有效评价不可忽视。教师应灵活把握评价的不同时机，采取形式多样的评价方式（包括教师评价、幼儿互评），使评价贯穿活动的各个环节，如活动前的游戏回顾、分享往期精彩作品、活动中的及时鼓励、幼儿间的肯定及活动后的作品展示、相互评价。要有目的、有针对性地进行鼓励式评价，善于发现活动过程中的“精彩时刻”，及时评价，捕捉幼儿的闪光点，谨慎积极地评价每一名幼儿，让他们赢得掌声、获得鼓舞，不断激发创作热情，勇敢自信地迈向未来。

第二章 价值引领 有的放矢

——美工区经验价值分析

内容简介

美工区为幼儿提供了感受美、欣赏美、畅想艺术、表达创造的有效活动平台。在美工区，时常可见幼儿活跃其中的身影。美工区蕴藏着独特的价值，促使幼儿不断获得经验。本章从美工区对幼儿发展的核心价值与联动价值入手，按照各年龄段幼儿的发展特点进行经验价值分析，旨在推动美工区活动更全面、高效地组织与开展。

思维导图

- 第二章　价值引领　有的放矢——美工区经验价值分析
  - 第一节　美工区经验价值概述
    - 美工区的核心价值
    - 美工区的联动价值
    - 美工区价值分析的意义
  - 第二节　美工区经验价值分析
    - 小班美工区核心价值与联动价值分析
    - 中班美工区核心价值与联动价值分析
    - 大班美工区核心价值与联动价值分析

第一节　美工区经验价值概述

美工区的经验价值是指幼儿在美术活动中，通过艺术创作等形式，所获得的属于自己的有益经验。《指南》中把“经验”确立为幼儿课程的主要内容。大量的文献分析与实践研究表明，美工区的经验价值有一定的范畴，具体体现在核心价值和联动价值两个方面。

一、美工区的核心价值

美工区的核心价值是指美工区区别于其他区域的独特的、主要的价值。幼儿通过各种各样的美工区活动，可获得有别于其他区域活动的独特经验，即艺术领域的相关经验，且此类经验可不断推动其后续美工区活动质量的提高。从幼儿美工区活动的类型来看，美工区活动主要分为绘画活动、手工活动和欣赏活动。通过这些活动，幼儿充分调动以往经验，运用多种感官，获取指向艺术发展的核心经验，彰显美工区活动的核心价值。

绘画活动主要包含造型活动、色彩活动、构图活动等。造型活动是指幼儿通过对身边物象的观察与理解，运用周边的绘画材料进行塑造与表现的活动。俗话说：“三分画七分看。”幼儿通过观察，认识、理解线条、形状、色彩、空间等基本造型元素，并调动多种感官进行造型活动，在此过程中增进创新意识，发展再造想象与创造想象。色彩活动是幼儿美工区活动的重要组成部分。世间五彩斑斓的色彩，经过幼儿的观察和运用，勾勒出幼儿眼中的美丽世界。色彩来源于生活，又反映着生活。美工区各式各样的色彩活动为幼儿与色彩互动提供了有效平台。色彩运用既展现幼儿内心活动的丰富性，又体现其对外部世界的理解，助力幼儿发展艺术感知力与表现力。构图活动是指幼儿绘画时根据题材、主题或内心的要求，将要表达的形象进行加工并合理组织，构建成一个协调、完整的画面的活动。幼儿在调动先前经验进行构图的基础上，将头脑中的表象进行加工和再现，理解表象之间的相互关系，由此突出主题，凸显艺术表现力，增强绘画活动的目的性和意识性。

手工活动主要包括撕纸、剪纸、折纸、泥塑活动等。撕纸活动是指幼儿运用不同种类的纸张，根据自己的实际需求，将纸撕成一定形状，或对撕下来的纸进行拼接、粘贴等再创造，从而形成新的艺术形象或作品的过程。剪纸活动是指幼儿运用剪刀、纸等材料，将纸剪成合适的造型的过程。折纸活动是指幼儿以纸张为活动材料，通过对折、翻转等技能技巧，将其折成不同形状的艺术活动。泥塑活动是指幼儿通过双手将橡皮泥、黏土、陶泥等材料塑造成立体形象的一种活动。这些手工活动是幼儿依据想象，运用低结构材料进行的艺术创造，在综合运用自然材料、废旧物品的过程中，幼儿的精细动作得以发展，手眼协调能力逐渐提升。

在欣赏活动中，教师依据幼儿的身心发展特点与实际情况，为幼儿营造适宜的活动环境，提供丰富的活动条件，引导幼儿欣赏多种形式的艺术作品的美；幼儿也在对自己作品、他人作品的欣赏与评价中，获得美感。教师在日常生活中应鼓励幼儿积极发现生活中美的事物，如在日常散步中观察、感受周边自然风光的美；通过多样化的活动，让幼儿得到美的熏陶与培养，激发幼儿感受美、表现美的兴趣，支持幼儿大胆地进行艺术创造，敢于表现与创造美。

总体而言，美工区的核心价值可从感受与欣赏、表现与创造两个方面进行梳理与归纳。感受与欣赏侧重让幼儿通过上述美工区活动获得认知、情感、态度等方面的相关经验，关注美育对于幼儿情感教化的功能，让幼儿获得美的体验；表现与创造侧重让幼儿在多种形式的活动中获得表现技巧方面的经验，并能够运用合适的方式大胆地进行艺术创造活动，使每个幼儿都有机会以丰富的形式表达内心世界。

二、美工区的联动价值

美工区除核心价值之外还有联动价值。在美工区活动中，幼儿不仅在艺术方面的经验与能力得以发展，其在其他方面的成长也会对后续活动产生影响。在多种形式的美工区活动中，幼儿的感觉、动作、认知、语言、情绪、表达、表现和社会性发展都有所渗透，还伴随着好奇、兴趣、坚持、专注等学习品质的显现和参与。下面从健康、语言、社会、科学、艺术发展五个方面对美工区的联动价值进行阐述。

从健康发展方面来看，幼儿在美工区使用多种材料创作时，其动作协调性得以锻炼。美好的艺术欣赏、多样的活动形式也为幼儿良好情绪的发展提供支持。例如，幼儿在美工区进行剪纸活动时，既需要幼儿专注力与想象力的加持，又需要双手灵活控制剪刀的方向和力度，其作品呈现效果受到幼儿操作水平的影响。在大脑、双手、眼睛三者相互协调配合下，幼儿不仅发展了艺术创造力，也发展了手眼协调能力。在进行需要长时间保持专注的创作活动时，幼儿的耐心也得到了一定程度的磨炼。

从语言发展方面来看，幼儿在依据自己的意愿进行欣赏活动时，常常伴随着产生相应的情绪反应，并能够根据所见所感，用言语描述出内心体会。以绘画活动为例，幼儿时常用语言进行前期绘画内容的预设，之后再根据内心所想进行创作，在增强创作目的性的同时，也有助于语言发展。在作品的欣赏与评价环节，幼儿通过互相交流、分享创作的意图和内容，发展语言表达能力，在共同评价过程中，分享创造的喜悦。

从社会发展方面来看，幼儿在进行美工区活动时，偶尔会遇到难以进行的情况，部分幼儿会通过询问、交流、模仿、讨论等方式进一步推进活动。大型艺术作品的创作常常需要多名幼儿共同合作、协调分工。幼儿不仅能在活动中学习与他人交往的基本方式，从中衍生出的经验也促使其不断发展社会性。

从科学发展方面来看，幼儿的欣赏活动常常包含各式各样美的内容。自然界的一些美好事物有时包含着科学的内涵，如雪花所包含的六边形特征，蝴蝶、蜻蜓等动物界的对称特性，植物一年四季的色彩变化等。科学的意蕴渗透在审美教育中，使幼儿在欣赏与表达中体会到科学、自然带来的神秘力量，激发幼儿创作的兴趣。此外，在不同的艺术材料中，运用不同的表现形式会有不一样的呈现效果，这也能激发幼儿的探索欲望。

从艺术发展方面来看，幼儿能从周边世界感受环境的美好，以自己的方式呈现心中美的事物，通过广泛收集材料并进行创作，装饰、丰富周围环境。由此获得的细心、专心、耐力、想象力、创造力等能力，也将有利于其今后艺术方面素质的持续性发展。

三、美工区价值分析的意义

区域活动为幼儿全面发展提供了自主的平台，使幼儿在玩中学，充分满足幼儿自我成长的需要。每一块区域、每一种游戏都有其存在的意义和价值。区域价值分析是教育者在区域游戏前期对于后续活动开展所带来的价值的阐述和思考。适宜的区域价值分析对幼儿成长起着独特作用。

第一，助力教师厘清活动思路。区域活动在我国幼儿园兴起已有较长时间，但如今仍然存在教师对区域活动理解缺失、以成人视角看待幼儿区域活动等不足，教师的理解偏颇使幼儿的区域活动的功能难以充分发挥。[1] 通过对美工区价值进行分析，教师能够在联系实际情况的基础上，将区域活动的特性与幼儿的学习特点、全面发展需要巧妙联系，根据幼儿的实际需求与最近发展区的教育要求，梳理幼儿当前阶段所需核心经验与联动经验，进而根据实际情况选择、提供适宜的美工区材料；并根据经验发展组织幼儿感兴趣的美工区活动，推动幼儿与环境、材料产生积极互动。

第二，明确幼儿游戏发展需要。教师在美工区活动前期梳理幼儿经验，创设美工区活动环境，预设符合幼儿兴趣和发展的相关活动，有助于幼儿在浸润式的环境中更好地理解不同种类的区域材料，从而在理解材料、玩法的基础上，根据个人兴趣自由选择材料进行游戏活动。其本质上是在区域活动与幼儿学习、自主选择之间建立内在联系。

第三，推进观察与指导的有效性。教师对区域活动的观察与指导有助于其更好地解读幼儿行为、了解幼儿的发展情况，并进行评价和分析反思。教师可根据幼儿实际活动，及时进行区域调整，真正引发幼儿的探索愿望和行为，推动幼儿思维发展。[2] 区域活动具有综合性、开放性、生成性等特征，对幼儿教师的区域活动观察与指导能力提出了新的要求，因而强化教师的专业能力可为有效开展区域活动提供保障。[3] 明晰所开展活动的价值是教师应具备的能力之一。通过前期对美工区核心价值与联动价值的梳理，教师能对区域活动与幼儿学习之间的内在联系有所理解，准确把握幼儿的学习规律与特点，从而在科学观察的基础上进行有效的支持与指导。

第四，链接区域游戏前后环节。美工区价值分析为区域活动的开展奠定了良好的基础，使得教师的活动预设与组织有具体明确的方向。此外，价值分析有助于教师更好地开展区域游戏活动的评价环节，为幼儿自评、幼儿互评、教师反思等提供参考依据，链接区域活动的各个环节，由此指向幼儿的经验发展。

[1] 刘巧茹．幼儿园区域活动中教师的观察与指导［J］．学前教育研究，2021（5）：93-96.
[2] 秦莉．幼儿园区域活动与环境创设［M］．重庆：西南师范大学出版社，2018.
[3] 韩莉．幼儿园班级活动区创设的有效性研究［D］．重庆：西南大学，2014.

第二节 美工区经验价值分析

一、小班美工区核心价值与联动价值分析

小班幼儿对周围的世界充满了浓厚的兴趣，对新事物具有强烈的好奇心，并能用简单语言表达自己的感受。由涂鸦期进入象征期，幼儿产生了美术表现与创造意识，会把一些基础线条和图形加以简单地组合来表现事物的大致特征。创作时，他们经常边动手边用语言来补充说明所表达的作品内容，在绘画和构造活动中，愿意尝试利用各种新材料表达熟悉物品的粗略特征。在美术欣赏和创作过程中，小班幼儿喜欢鲜艳和饱和的色彩。

（一）小班美工区的核心价值

小班美工区的核心价值主要体现在感受与欣赏、表现与创造两个方面，如表 2-1 所示。

表 2-1 小班美工区的核心价值

核心价值	感受与欣赏	表现与创造
具体内容	1. 能和他人一起谈论有兴趣的话题 2. 能感知和区分艺术作品中大小、多少、高矮、长短等特点 3. 感知和发现周围物体的形状是多种多样的，对不同的形状感兴趣，并能用自己的语言描述 4. 认识常见的动植物，能注意并发现周围的动植物是多种多样的 5. 能发现美的事物的特征，感受和欣赏美 6. 愿意收集喜欢的艺术作品，并和同伴一起欣赏 7. 乐于观看绘画、泥塑或其他艺术形式的作品，感受艺术形式和作品的多样化 8. 能自主欣赏或模仿艺术作品的创作风格或创作形式	1. 能正确、安全地使用剪刀，并能用剪刀沿直线剪，边线基本吻合 2. 尝试利用各种材料和常见物品进行画、剪、折、粘等美工活动，能表达一定的意思与情感 3. 在活动中，能遵守共同约定的游戏规则 4. 别人对自己说话时能注意听并使用恰当的礼貌用语做出回应 5. 愿意表达自己的需要和想法，必要时能配以手势动作 6. 与同伴发生冲突时，能听从成人的劝解 7. 能大胆地联想、猜测问题的答案，并设法验证，如颜色混色的秘密 8. 尝试分工合作进行艺术活动，体验合作的重要性 9. 为自己的创作成果感到高兴，体验艺术创作的快乐 10. 在成人的提醒下，能爱护材料和其他物品 11. 经常问各种问题，或好奇地摆弄各种材料和物品 12. 能用多种形式去探索物体，关注不同形式所产生的结果 13. 能感知物体和发现材料的软硬、光滑和粗糙等特性，推测和证实它们的用途，并在活动中使用多种材料和适宜的工具

续表

核心价值	感受与欣赏	表现与创造
具体内容	9. 学会辨认红、黄、蓝、绿、橙等几种基本的色彩，并能说出名称 10. 观察并讲述不同交通工具的外形特征，愿意猜测和讨论不同特征的作用	14. 能用各种形状的材料进行艺术创作活动，表现交通工具的轮廓特征 15. 能根据方位词来取放美工区材料 16. 能用简单的线条和色彩大体画出自己想画的人或事物 17. 能自主选择，用自己喜欢的方式去模仿或创作绘画、手工等艺术活动 18. 能识别和选用多种颜色创造与河流相关的事物，会主动选择和调换颜色，进行美工活动 19. 会用印章、纸团、手掌印画，能够运用画、撕、折、粘等方法组成与停车场相关的简单作品 20. 喜欢玩泥活动，能用团、搓、压等方法塑造简单的动物形象 21. 能画出直线、曲线，并尝试表现线条的粗细、疏密

（二）小班美工区的联动价值

小班美工区的联动价值主要体现在健康、语言、社会、科学、艺术五个方面，如表 2-2 所示。

表 2-2　小班美工区的联动价值

联动价值	健康	语言	社会	科学	艺术
具体内容	1. 在艺术活动中，有一定的安全感和信赖感 2. 在艺术创作时，在成人的提醒下能保持正确的姿势 3. 能将材料、工具等物品放回原处	1. 基本会说本地区的语言 2. 能体会标识、文字符号的用途 3. 愿意在集体面前介绍自己喜欢的艺术作品 4. 会看画面，具有初步的画面理解能力，能根据画面说出图中有什么，发生了什么事	1. 在成人的指导下，不争抢、不独霸玩具 2. 能感知文化的多样性和差异性 3. 自己能做的事情愿意自己做，即使做得不够好，也愿意尝试 4. 在艺术创作中，有和同伴交往的愿望	1. 体验和发现艺术作品中很多地方都用到了数字 2. 欣赏艺术作品后，能谈论所看到的事物的形状，并根据形状产生联想，大胆地用自己的语言进行描述 3. 在观察按一定规律排列的艺术作品时，能体会其中的排列特点与规律，从而体会生活中也有很多事情是有规律和顺序的	1. 能用图画、手工制品等装饰和美化环境 2. 能围绕一个主题展开想象，进行艺术表现

（三）小班美工区核心价值与联动价值分析案例

1. 活动实录

年龄：3 周岁。

基本信息：晨晨是一名小女孩，平时很少去美工区；欢欢也是一名小女孩，动手能力较强。

背景：晨晨去美工区玩颜料，这是她第一次接触这种材料。

片段一：

游戏开始后，晨晨从材料柜中拿出颜料瓶，双手用力挤压，尝试挤出颜料，但第一次没挤出来。她看了看手里的瓶子，用力摇了摇，将瓶底的颜料倒过来，再次用力挤压瓶身，成功挤出了红色的颜料。她又挤了黄色的、绿色的、紫色的，把每种颜料各挤在一个盘子里。

片段二：

挤好颜料后，晨晨玩起了手掌印画。她先蘸了红色的颜料，在纸上印了一个红色的手印。然后用同一只手去蘸黄色的颜料，这一次，她在纸上印出了一个橙色的手印。旁边的欢欢看到了，拍拍晨晨说："哇，你的手印好漂亮。"晨晨看着手掌说："怎么颜色变了，变出了新的颜色。"欢欢说："因为你蘸了两个颜色呀。我也想变变看。"说着，她用本来蘸了绿色颜料的手又去蘸了红色颜料，然后用力地在白纸上一印，一边印一边说："红色和绿色会印出什么颜色的手印呢？"结果印出来一个黑乎乎的手印。欢欢说："这个颜色好丑呀，怎么没有变成橙色呢？"

周围的几个小朋友也被吸引了过来。大家开始讨论。欢欢说："两种颜色混在一起就不好看了，只能印一种颜色。"晨晨说："你看我的很好看呀，还变出了橙色。"贝贝说："那我们换两种颜色再试试。"她们又试了几种颜色，手上的颜料越来越多，盘子里的颜料也越来越脏，再也没有变出漂亮的颜色来，几盘颜料也都变得黑乎乎的了。贝贝说："哎呀，这个红色都看不出是红色了，颜料都乱七八糟了。"

片段三：

晨晨说："调色盘乱七八糟，看上去脏脏的，让我来洗一洗吧。"小朋友们发现自己的小手变成了比较脏的颜色，就都跑去洗手了。洗手的时候，贝贝说："排队，排队，我们要排队洗手，不能挤。"大家有秩序地排队，等待洗手，并将颜料和调色盘放回原处。

手掌印画

讨论混色

2. 活动分析

混色游戏案例分析如表 2-3 所示。

表 2-3 混色游戏案例分析

活动环节	核心价值	联动价值
片段一	能辨认红、黄、蓝、绿等几种基本的色彩	自己能做的事情愿意自己做，即使做得不够好，也愿意尝试
片段二	1. 能为自己的创作成果感到高兴，体验艺术创作的快乐 2. 能用多种形式去探索物体，关注不同形式所产生的结果（混色） 3. 能自主选择，用自己喜欢的方式去进行模仿或创作绘画、手工等艺术活动 4. 会用印章、纸团、手掌印画等方式进行艺术创作 5. 能大胆联想、猜测问题的答案，并设法验证，如颜色混色的秘密	1. 能和他人一起谈论有兴趣的话题 2. 在艺术创作中，有和同伴交流、合作的意识
片段三	能爱护材料和其他物品	1. 能将材料、工具等物品放回原处 2. 在活动中，能遵守共同约定的游戏规则

二、中班美工区核心价值与联动价值分析

中班时期是幼儿身心发展的重要时期，规则意识开始萌芽，与同伴的交往经验增长。在美术活动中，中班幼儿会与同伴分享自己的作品，交流感受；会使用剪刀、画笔等工具，完成一些精细动作。幼儿的思维逐渐具体、形象。他们能理解别人的语言，并能在欣赏作品的过程中较清楚地表达自己的想法；具有丰富的想象力，并且能够将想象力和美术创造相结合，通过涂涂画画或者泥塑等方式，简单创作一些自己熟悉的事物和人物，有时还会创作出特别的作品，但是需要借助手势、表情等进行表达。

（一）中班美工区的核心价值

中班美工区的核心价值主要体现在感受与欣赏、表现与创造两个方面，如表 2-4 所示。

表 2-4 中班美工区的核心价值

核心价值	感受与欣赏	表现与创造
具体内容	1. 感受规则的意义，并能基本遵守美工区规则 2. 喜欢接触新的艺术形式，探索新的活动材料，经常问一些有关的问题	1. 能沿边线较直地画出简单图形或能沿边线基本对齐地折纸 2. 能沿轮廓线剪出由直线构成的简单图形，边线基本吻合

续表

核心价值	感受与欣赏	表现与创造
具体内容	3. 能感知和区分物体的线条、色彩、形状、质地等方面的特点，并能用相应的词语描述 4. 能感知和发现常见几何图形的基本特征，并能运用到作品中 5. 能使用上下、前后、里外、中间、旁边等方位词描述作品中物体的位置和运动方向 6. 欣赏艺术作品时会产生相应的联想和情绪反应 7. 通过欣赏作品，能了解作品的主题和基本内容 8. 能感受作品的色彩变化及相互关系 9. 能感受作品的构成，体验作品的对称、均衡	3. 愿意用图画和符号表达自己的愿望和想法 4. 尝试根据绘本故事的部分情节或线索猜想故事的后续发展或续编、创编故事 5. 能按自己的想法进行艺术活动 6. 敢于尝试有一定难度的艺术创作活动 7. 能坚持完成艺术作品创作，不中途放弃 8. 喜欢和同伴一起进行美工活动，有经常一起创作的伙伴 9. 初步知道按需拿取操作材料 10. 能用图画或其他符号进行记录 11. 常常动手动脑探索物体和材料，并乐在其中 12. 能感知物体的结构特征，画出或拼搭出该物体的造型 13. 经常用绘画、捏泥、手工制作等多种方式塑造出物体的基本轮廓和主要特征

（二）中班美工区的联动价值

中班美工区的联动价值主要体现在健康、语言、社会、科学、艺术五个方面，如表 2-5 所示。

表 2-5 中班美工区的联动价值

联动价值	健康	语言	社会	科学	艺术
具体内容	1. 能整理美工区中自己使用过的操作材料 2. 在艺术创作活动中能够保持正确的坐姿	1. 愿意与他人交谈，谈论自己喜欢的艺术作品 2. 能用连贯的语言谈论自己对艺术作品的感受 3. 在欣赏活动中能注意调节自己说话声音的大小 4. 喜欢把自己看过或创作的作品介绍给别人 5. 在美工区活动中遇到困难时，愿意告诉老师或同伴	1. 交流分享时愿意倾听同伴的想法，能接受同伴的意见和建议 2. 会有礼貌地向老师表达自己的要求和想法 3. 知道环卫工人、清洁工等职业，能体会到他们为美化环境所付出的辛劳 4. 知道附近江河有哪些有代表性的流经地，当地有哪些有代表性的景物或特产 5. 对大家都需要的材料工具能轮流分享 6. 与同伴发生冲突时，能在他人帮助下和平解决 7. 知道自己的优点和长处，并对此感到满意 8. 能注意到别人在创作中遇到困难时的消极情绪，并有关心、体贴的表现	1. 在欣赏中能根据画面提出想法、问题，并大胆猜测后续可能发生的事情 2. 会用数词描述事物的排列顺序和位置	1. 能专心欣赏自己喜欢的艺术作品，有模仿的愿望 2. 认识常见的固有色，能说出它们的名称 3. 会选择与物体相似的颜色，初步有目的地调色、配色 4. 尝试根据自己的设计图纸利用自然材料对环境创设进行增补

（三）中班美工区核心价值与联动价值分析案例

1. 活动实录

年龄：4 周岁。

基本信息：布布是一名小男孩，每次有新材料投放，他都会第一个去尝试、探索。

背景：美工区新投放了印泥和颜料。老师简单介绍过玩法，鼓励幼儿进行更多的探索。

片段一：

区域游戏时间，布布进入了美工区。他来到材料柜前，分别拿了一张白纸和一份红色颜料。佳佳看到了说："布布，你怎么没有拿印泥？"布布说："我要用手蘸颜料印指纹。"说完，他伸出右手的食指，先蘸了蘸红色颜料，在白纸上用力摁了下去，嘴里嘀咕道："印泥和颜料有什么不一样呢？"他又去拿印泥并用手指按印泥，然后在纸上印出了一个指纹。布布大声喊道："哇，佳佳你快来看我的指纹，是我用印泥印出来的哦！"呼喊的声音吸引了其他小朋友，大家都来玩起了手印游戏。

片段二：

你印一个，我印一个，很快一张纸就印满了五颜六色的指纹印。佳佳喊道："你们快来看呀，我用手指印了一个旋涡，这是我变的大风，而且是龙卷风，它能把所有的房屋、车子、花草都吹倒。"另一个小朋友也大声喊道："我这个印的是恐龙，是一只凶狠的霸王龙。"小朋友你一言我一语地介绍着自己的作品。佳佳说："我们来玩猜一猜游戏吧，把我们印出的指纹变成各种各样的东西，然后让别人猜，怎么样？"小朋友们齐声说："好啊，好啊！"

蘸取颜料

手指点画

片段三：

小朋友们开始了他们的创作，大多数小朋友在纸上印了一通指纹后，就不知所措，有的看着自己印好的指纹发呆，有的自己印好了就看着别人印，把自己的扔在了一边。这时老师提议道："怎样才能让我们的指纹看上去更像一只蝴蝶呢？"小朋友们像受了启发一样，七嘴八舌地讨论起来。接着他们就总结出，能够用添画的方式来表现作品。慢慢地，他们创作出了蝴蝶、小猫、小鸭、孔雀、小花、太阳等形象。佳佳说："你猜猜我画的是什么？"布布说："是小猫咪吗？"佳佳回答："恭喜你答对啦！"不一会儿，原本在别的区域游戏的小朋友也被吸引了过来，玩起了猜一猜的游戏。游戏时间结束后，布布还说："我们明天再一起玩这个游戏好吗？"几个小朋友都大声回答："好！"

2. 活动分析

手指点画案例分析如表 2-6 所示。

表 2-6　手指点画案例分析

活动环节	核心价值	联动价值
片段一	1. 能感知和区分物体的线条、色彩、形状、质地等方面的特点，并能用相应的词语描述 2. 喜欢接触新的艺术形式，探索新的活动材料，经常问一些有关的问题	愿意与他人交谈，谈论自己喜欢的艺术作品
片段二	1. 欣赏艺术作品时会产生相应的联想和情绪反应 2. 愿意用图画和符号表达自己的愿望和想法 3. 通过欣赏作品，能了解作品的主题和基本内容 4. 能按自己的想法进行艺术活动	1. 愿意与他人交谈，谈论自己喜欢的艺术作品 2. 喜欢把自己看过的或自己创作的作品介绍给别人 3. 交流分享时愿意倾听同伴的想法，接受同伴的意见和建议
片段三	喜欢和同伴一起进行美工活动，有经常一起创作的伙伴	1. 愿意与他人交谈，谈论自己喜欢的艺术作品 2. 在欣赏中能根据画面提出想法、问题，并能大胆地猜测后续可能发生的事情

三、大班美工区核心价值与联动价值分析

大班时期，幼儿手指小肌肉快速发展，他们已经能自如地控制手部动作，能灵活地使用剪刀、画笔、橡皮泥等工具和材料进行简单的美工活动。幼儿的语言表达能力也有了明显增强。在绘画与欣赏的过程中，他们能较好地讲述所要表达的意思。幼儿的自我意识开始发展，自我评价开始从依从性向独立性、从个别性向多面性发展，所以在欣赏或创作作品的过程中他们会乐于给出自己的评价，但是评价过程还

是会受外界事物的影响。同时，幼儿的自理能力、合作能力都得到了一定的发展，在美工区活动中他们能够与同伴合作完成作品，并将自己使用的物品收拾好。

（一）大班美工区的核心价值

大班美工区的核心价值主要体现在感受与欣赏、表现与创造两个方面，如表2-7所示。

表2-7 大班美工区的核心价值

核心价值	感受与欣赏	表现与创造
具体内容	1. 乐于收集美的物品或向别人介绍所发现的美的事物 2. 艺术欣赏时常用表情、动作、语言等方式表达自己的理解 3. 了解中国文化，能说出自己家乡的地理位置与文化有关的知识 4. 有疑问时能主动提问 5. 能随着活动的需要转换情绪和转移注意力 6. 能通过观察、比较与分析，发现并描述不同种类物体的特征或某个事物前后的变化 7. 能在接触自然、生活事物和现象中积累有益的直接经验和感性认识 8. 能通过再生纸的制作，了解更多关于纸的文化和艺术作品	1. 能根据需要画出图形，线条基本平滑 2. 能沿轮廓线剪出由曲线构成的简单图形，边线吻合且平滑 3. 能使用画笔、剪刀、纸张、泥团等工具和材料，或充分利用各种自然、废旧材料和常见物品，进行画、剪、折、粘等美工活动 4. 别人讲话时能积极主动地回应 5. 能在写写画画的过程中体验文字符号的功能，培养书写兴趣 6. 知道别人的想法有时和自己不一样，能倾听和接受别人的意见，不能接受时会说明理由 7. 能主动发起活动或在活动中出主意、想办法 8. 能主动承担任务，遇到困难能够坚持而不轻易求助 9. 理解规则的意义，能与同伴协商制定游戏和活动规则 10. 爱护身边的环境，注意节约资源 11. 愿意为集体做事，为集体的成绩感到高兴 12. 通过学习中国的四大发明、中国之最等，激发爱祖国、爱家乡的情感 13. 探索中有所发现时感到兴奋和满足 14. 能察觉到动植物的外形特征、习性与生存环境的适应关系 15. 能发现生活中许多问题都可以用数学的方法来解决，体验解决问题的乐趣 16. 能用常见的几何形体有创意地拼搭和画出物体的造型 17. 通过观察种植地和班级自然角，了解季节性植物的特点，并能用不同的艺术形式表现出来 18. 尝试自制再生纸，了解更多不同的纸及各自的用途 19. 能用多种工具、材料或不同的表现手法表达自己的感受和想象 20. 在艺术活动中能与他人相互配合，也能独立表现 21. 能用自己制作的美术作品布置环境、美化生活 22. 观察花草植物的特点，能用绘画、手工制作等不同形式表现出来

（二）大班美工区的联动价值

大班美工区的联动价值主要体现在健康、语言、社会、科学、艺术五个方面，如表2-8所示。

表 2-8　大班美工区的联动价值

联动价值	健康	语言	社会	科学	艺术
具体内容	1. 经常保持愉快的情绪，知道引起自己某种情绪的原因，并努力缓解 2. 能使用简单的劳动工具或用具 3. 能按类别整理好自己的物品	1. 能结合情境理解一些表示因果、假设等的相对复杂的句子 2. 能根据故事的部分情节或图书画面的线索猜想故事情节的发展，或续编、创编故事 3. 能依据所处情境使用恰当的语言，如在别人难过时会用恰当的语言表示安慰 4. 愿意与他人讨论问题，敢在众人面前说话 5. 能有序、连贯、清楚地讲述一件事情 5. 能有礼貌地与人交往 6. 对自己感兴趣的问题总是刨根问底 7. 知道自己的民族，知道中国是一个多民族的大家庭，各民族之间要互相尊重，团结友爱	1. 能关注别人的情绪和需要，并能给予力所能及的帮助 2. 尊重为大家提供服务的人，珍惜他们的劳动成果 3. 不欺负别人，也不允许别人欺负自己 4. 做了错事敢于承认，不说谎	1. 感知并了解季节变化的周期性，知道变化的顺序 2. 能探索并发现常见的物理现象产生的条件或影响因素，如影子、沉浮等 3. 初步了解人们的生活与自然环境的密切关系，知道尊重和珍惜生命，保护环境 4. 能发现事物简单的排列规律，并尝试创造新的排列规律 5. 能用简单的记录表、统计图等表示简单的数量关系	能自编自演故事，并为表演选择和搭配简单的服饰、道具或布景

（三）大班美工区核心价值与联动价值分析案例

1. 活动实录

年龄：5 周岁。

基本信息：茹茹是一个女孩子，各方面能力都很强；静静也是一个女孩子，比较安静，平时说话较少。

背景：近期班级里在开展做灯笼的活动。灯笼的制作过程比较复杂，幼儿需要几天才能完成一个。

片段一：

区域游戏开始后，茹茹来到美工区，继续制作昨天没有做完的灯笼。灯笼的架子已经搭好了，现在她需要往灯笼架子上贴灯笼纸。静静看到了，说："茹茹，我来帮你吧，我们一起做。"茹茹说："好呀，那我们先画轮廓吧。"

片段二：

茹茹将架子放在一张画好的画纸上，然后用铅笔描出架子的外轮廓，一边画一边说："静静，你来帮我把纸按住，不要让它动。"在两人的合作下，她们画出了灯笼的 4 个纸面。静静问："接下来要做什么呢？"茹茹说："接下来我们要用剪刀把这个形状剪下来。”茹茹和静静分工，用剪刀沿着画笔线条剪灯笼纸。她们都能沿着轮廓线剪下来。剪完后的灯笼纸面轮廓平滑，没有明显的缺口和突出的地方。到了最后贴的环节，茹茹拿起了白乳胶，说：“你可以帮我扶一下架子吗？我来挤胶水。”静静点点头，她用双手扶住架子。茹茹一边涂胶水，静静一边把手移开。在挤乳胶的时候，茹茹挤得不太均匀，有的地方多，有的地方少，多的地方会滴下来。星星点点的乳胶滴落在透明的桌布上。她皱着眉头说：“这瓶乳胶快用完了，我都没法好好挤。”她尝试用手接住流下来的乳胶，但还是弄得桌上到处都是。

片段三：

晨晨跑过来看了看说：“这个白点点是什么？”说着就要去摸滴下来的乳胶。茹茹连忙制止他：“这是乳胶，还没干，不要摸。”静静问：“怎么办，桌子上黏糊糊的，老师会不会批评我们？”茹茹说：“没事的，擦干净就行了。我们把这个灯笼挂起来吧！”静静：“好呀，挂在娃娃家门口吧！正好快过年了。”说完两个人去娃娃家挂灯笼了。灯笼制作完成后，她们俩用抹布把桌面擦干净了。

给灯笼架子挤胶水

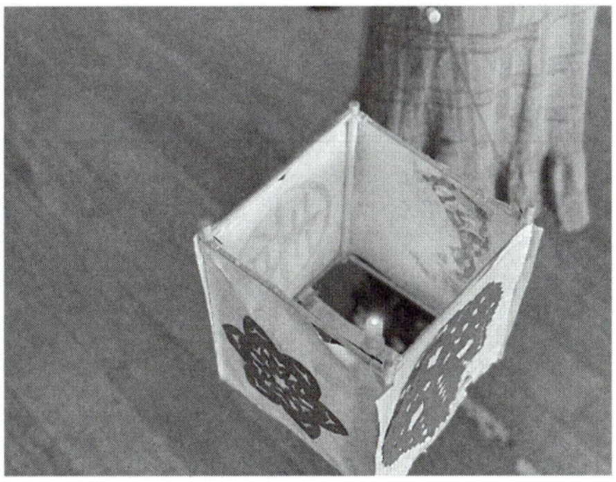

灯笼完成啦

2. 活动分析

做灯笼案例分析如表 2-9 所示。

表 2-9　做灯笼案例分析

活动环节	核心价值	联动价值
片段一	喜欢接触多种艺术形式和作品	别人讲话时能积极主动地回应
片段二	1. 能用多种工具、材料或不同的表现手法表达自己的感受和想象 2. 在艺术活动中能与他人相互配合，也能独立表现 3. 能沿轮廓线剪出由曲线构成的简单图形，边线吻合且平滑	1. 能主动发起活动或在活动中出主意、想办法 2. 有疑问时能主动提问
片段三	能用自己制作的美术作品布置环境、美化生活	主动承担任务，遇到困难能够坚持而不轻易求助

第三章 系统规划 润物无声

——美工区空间规划与环境创设

内容简介

美工区是幼儿园不可或缺的一个活动区域。要想让幼儿在幼儿园这一区域获得更自由、灵活且开放的活动体验，促使各年龄段幼儿在美工区充分发挥想象力，将自己的动手操作能力大胆展示出来，幼儿园就必须结合幼儿不同阶段的年龄特点与认知发展需求，对美工区空间、环境做出科学规划。在空间、环境等方面潜移默化的影响下，幼儿的思维能够得到尽情发散，为之后的学习成长奠定基础。

思维导图

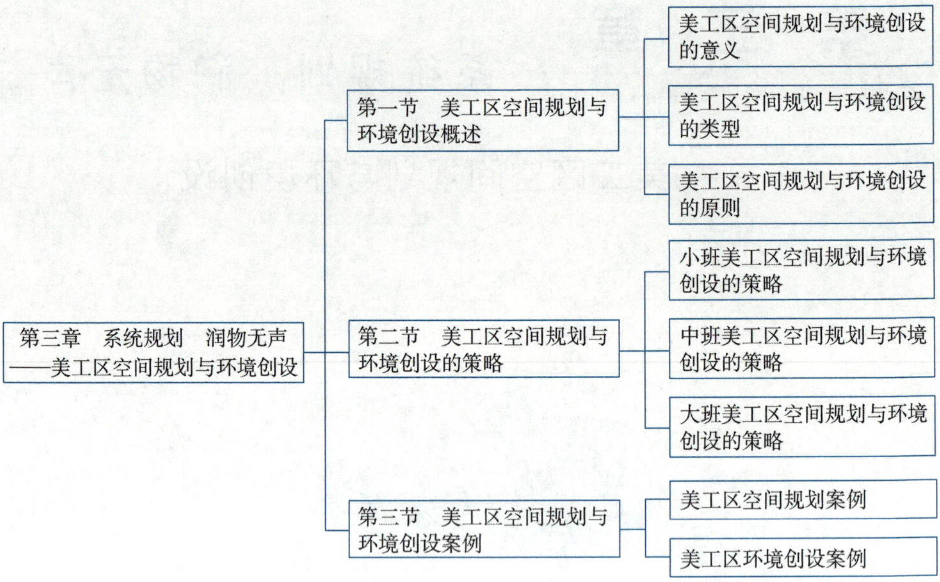

第一节　美工区空间规划与环境创设概述

一、美工区空间规划与环境创设的意义

美工区不仅为幼儿提供了一个自由创作和想象的空间，还对幼儿的全面发展具有深远影响。幼儿园美工区空间规划与环境创设的意义不言而喻。以下从几个关键方面阐述其意义。

（一）提升幼儿的艺术素养和审美能力

1. 艺术熏陶

美工区充满艺术氛围的环境布置，如色彩丰富的墙壁、富有创意的装饰品等，都会对幼儿产生潜移默化的艺术熏陶。这种熏陶有助于增强他们的艺术感知力和鉴赏力。

2. 实践探索

通过空间规划，美工区可以分为绘画区、剪贴区、手工区和展示区等。幼儿参与美工区的各种活动，如绘画、剪贴、手工制作等，可以亲身体验艺术的魅力，掌握基本的艺术技能和表现手法。这些实践经验会进一步提升他们的艺术素养和审美能力。

（二）优化幼儿园教育环境

1. 环境育人

幼儿园美工区的空间规划与环境创设是幼儿园教育环境的重要组成部分。一个优美、丰富、富有创意的美工区环境可以激发幼儿的学习兴趣和热情，提高他们的学习效率和效果。

2. 资源整合

在空间规划与环境创设过程中，幼儿园可以充分利用现有资源，如教室空间、教学设备、师资力量等，进行科学合理的整合和配置。这将有助于提升幼儿园的整体教育水平和质量。

因此，幼儿园应高度重视美工区的空间规划与环境创设工作，为幼儿创造一个更加优质、丰富、富有创意的学习和生活环境。

二、美工区空间规划与环境创设的类型

（一）空间规划的类型

幼儿园美工区是幼儿自由欣赏和创作的一个重要场所，是一个让幼儿感受美、表现美的小天地。美工区不但要满足集体活动、小组活动的需要，而且要尊重幼儿个体区域活动的需求，让幼儿能够充分自主、自由地在美工区发挥创意，所以美工区的空间布局与划分应该相对开放，促进多区域的相互交流和融合、多领域经验的相互迁移和变通，为幼儿的创造提供多种可以尝试的契机，激发幼儿的创造性思维。

美工区的空间规划可以按顶面、墙面、地面进行。

1. 顶面装饰

顶面可以通过悬挂的方式，增强美工区环境的装饰效果和艺术氛围。

美工区顶面装饰 1

美工区顶面装饰 2

2. 墙面装饰

墙面装饰不仅可以美化环境，还可以改善墙体的使用功能。

美工区墙面装饰画

美工区幼儿作品展示墙

美工区创意作品展示墙

美工区立体作品展示墙

3. 地面装饰

地面装饰有烘托艺术氛围与划分区域的作用。

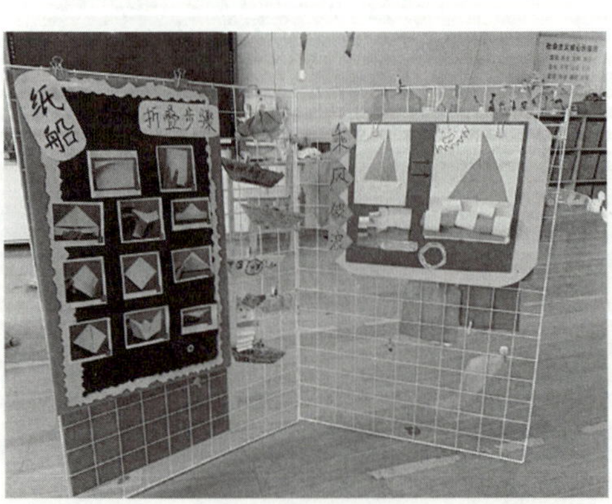

地面网格操作展示 1

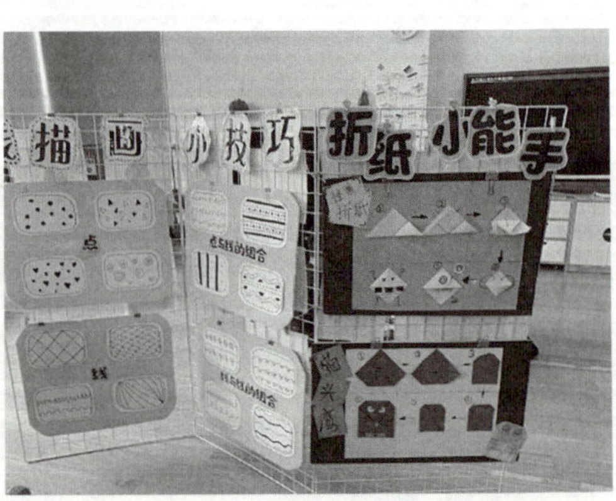

地面网格操作展示 2

（二）环境创设的类型

环境创设的类型包括欣赏区、操作区、幼儿作品展示区、材料投放区等。清晰地划分各区可以帮助幼儿培养整理、收纳的意识，让幼儿养成从哪里取就放回哪里的好习惯。

美工区立体作品欣赏区

美工区超轻黏土作品欣赏区

幼儿操作区 1

幼儿操作区 2

美工区幼儿作品展示区 1

美工区幼儿作品展示区 2

材料投放区 1

材料投放区 2

材料投放区 3

材料投放区 4

三、美工区空间规划与环境创设的原则

（一）坚持科学、合理的空间布局的原则

（1）美工区的位置要靠近窗口、采光充足、接近水源。

（2）根据区域功能的不同进行划分，可分为欣赏区、绘画区、手工区、展示区、操作区、清洗区等不同区域。

（3）布置一个可以让幼儿集中注意力和专心创作的安静区域。

（4）有足够的空间，可以让幼儿创作大尺寸的艺术作品或者合作完成作品。

（5）有低矮且干净的架子，让幼儿随时获得他们想要的材料。

（6）区域整体色调风格统一、协调。

（7）展示名家作品、民间工艺品、摄影作品和师幼作品。

（8）提供高度适宜的展示板、软木墙、作品展示框、各种挂钩等便于陈列幼儿作品的物品。

统一、协调的风格

师幼作品

（二）顺应幼儿身心发展规律与特点的原则

幼儿年龄的差异不仅仅体现在生理现象上，还体现在他们的心理发展水平上。心理发展水平是以他们的生活经验和能力来表现的。年龄越小的幼儿生活经验越少，他们从事活动的能力，以及控制自己、协调自己行为的能力越弱。因而，幼儿园在创设环境时必须根据幼儿年龄特点和要求进行创设。例如，小班幼儿年龄在3—4岁，这个年龄段的幼儿对于涂鸦很感兴趣。在美工区创设之初，幼儿园可在班内设置涂鸦墙，让幼儿如同在家一样自由涂鸦；中班幼儿年龄在4—5岁，这个年龄段的幼儿对各种活动材料感兴趣。教师可为幼儿准备1—2个画架，在画架下放一些蜡笔或颜料，以便幼儿随时取放材料，在画架上进行创作。教师应当通过创设自由、轻松的环境来吸引幼儿参与活动。大班幼儿年龄在5—6岁，这个年龄段的幼儿对颜料、混色、配色感兴趣，愿意通过画画来表达自己的感受和内心意愿，在创造中发挥潜能，建立自信，享受成功的喜悦。

美工区投放的画架

大班幼儿用颜料在创作

（三）创设互动式和多元化环境的原则

环境是无声的教师，默默地发挥着它特殊的、潜在的教育功能。例如，小班幼儿刚走进幼儿园，更加需要能吸引他们注意力的环境。因此，教师可以在美工区用一些自然材料搭配幼儿的作品来做隔断，既能美化环境又能提升幼儿对美术活动的兴趣，让幼儿更加自信，增强主人翁意识。色彩的协调和统一能让幼儿得到稳定的情绪体验，也能让幼儿在活动时更加专注。幼儿园可在与幼儿视线平行的操作柜上设置欣赏角，展示一些大师的作品图，或者张贴一些具有民族特色的工艺品照片或大班哥哥姐姐们的作品。这个小小的角落能拓宽幼儿的欣赏视野，使幼儿认识更多的艺术表现形式，在无形中感受到艺术的魅力。除了墙壁上的平面环境，在整个美工区的上方，是一个从上至下的立体展示区。教师可以将生活中的废旧物品加以装饰后进行悬挂。废旧材料的使用能让幼儿感受到美术活动的趣味性和可利用价值，吸引他们进入区域活动。

色彩丰富、协调的墙面

废旧物品悬挂装饰

第二节　美工区空间规划与环境创设的策略

美工区是幼儿自由欣赏、自主绘画及开展手工制作的重要场所，对幼儿各方面潜能的挖掘、发挥有着重要影响。目前，一些幼儿园美工区在空间规划与环境创设上还存在一些有待完善的地方，还需要教师结合不同年龄段幼儿的兴趣爱好与发展需求来做进一步优化，以此来确保各个年龄段幼儿都能够在美工区有效开展各类活动。

作为集中教育活动的有效延伸，美工区活动正在积极开展中。幼儿的兴趣大多来自环境、材料等方面，同时，幼儿各方面潜能的挖掘及创造力、动手能力的培养也离不开对各类材料的操作。因此，不论在哪一个阶段，幼儿园都要给予美工区空间规划、环境创设足够的重视，让幼儿能够在这一区域获得较为理想的活动环境。

一、小班美工区空间规划与环境创设的策略

（一）全人化创设美工区环境

全人化人才培养是一种强调以人为本的教育理念，实施全方位、全过程、全链条协同育人的培养模式。全人化理念在美工区环境创设中的应用主要体现在环境创设、材料投放、收集与整理方面。首先，幼儿园在进行环境创设时，对幼儿、家长、教师“三位一体”的参与性、互动性应给予足够重视，使得幼儿可以在美工区环境的“对话”中学习成长，取得意想不到的教育效果。对于小班幼儿来讲，让其参与美工区环境创设需要教师联系实际精心设计，并在日常教学中循序渐进地引导。其次，在需要增加新材料时，教师应认真地与幼儿讨论，鼓励幼儿提出自己的想法，或者制订收集计划等。这样既可以为幼儿提供更多参与环境创设的机会，也能够突显幼儿在美工活动中的主人翁地位。最后，美工区材料的收集与整理非一朝一夕可以完成的，要经过一个积累、重组的过程。尤其是在课程游戏化快速推进的背景下，投入各区域的游戏材料也随之不断增加。不论是幼儿、家长还是教师，都应积极参与材料的收集、整理工作。对此，教师可以专门设立一个班级收纳箱，实现对现有资源的充分利用，加强对各种废旧材料的挖掘与收集，以确保幼儿在美工区的创作学习可以获得有力支持。

（二）引导化创设美工区环境

在收集到丰富多样的废旧材料之后，该怎样分类、整理，对于大多数幼儿来讲是一大难题。因为材料种类多，数量也参差不齐，所以归类、整理相对来说会很麻烦。对此，教师可以为幼儿制作整体统一、色彩协调的收纳筐，或者塑料箱，平时试着引导幼儿进行自主归类、整理，为幼儿在有限空间利用有限材料发出无限创意奠定良好基础。当幼儿通过自身努力营造出一个有秩序的美工区环境时，他们会产生一定的成就感，在开展各类活动时，他们也会自觉地维护美工区环境。此外，在归类、整理中，幼儿的创作欲望也会得到激发，在形成良好习惯的同时，会产生更浓厚的创作兴趣。在产生灵感时，幼儿也能够快速地找到自己需要的材料，用完也会送还到原来的地方，便于下次使用。尤其是对于小班幼儿来讲，其良好习惯的形成往往离不开有秩序感的环境的影响。由此可见，美工区环境引导化创设是至关重要的。

（三）区域化规划美工区空间

美工区活动能够有效开展，往往受到空间与时间，以及资源利用情况的影响，具体来说就是要将游戏意识有效渗透到美工区环境的区域化内容创设当中。在具体规划中，幼儿园要遵循因地制宜原则，从幼儿角度出发，优化美工区空间与环境的规划创设。若按区域功能划分，可将美工区划分为创意色彩区、巧手美工区、自由创想区、清洗区、作品展示区。

1. 创意色彩区

该区域主要提供各种绘画工具和材料，如颜料、画笔、调色板等，鼓励幼儿自由挥洒色彩，培养色彩感知能力和创意思维。

设计要点：墙面可设置大面积的涂鸦板或可擦洗的绘画墙，地面应铺设易于清洁的材料；确保良好的自然采光或照明条件。

2. 巧手美工区

该区域主要提供纸张、剪刀、胶水、彩泥等工具和材料，以及模型、模具等辅助工具，旨在培养幼儿的手工制作和精细动作技能。

设计要点：设置适宜高度的操作台和储物柜，方便幼儿取放材料和工具；确保区域内有足够的空间供幼儿站立或坐下操作。

3. 自由创想区

该区域材料丰富多样，包括废旧瓶子、纸盒、布料等，旨在鼓励幼儿发挥想象力和创造力，利用废旧物品进行改造和创作。

设计要点：墙面和地面可设置展示架和展示板，以展示幼儿的创意作品；区域内应设置足够的储物空间，以便整理和存放材料。

4. 清洗区

该区域提供洗手池、清洁用具等，方便幼儿在创作后进行手部清洁和工具清洗。

设计要点：洗手池应设置在方便幼儿使用的位置，高度适中，并配备防滑垫和儿童专用洗手液；确保区域内通风良好，以减少湿气积聚。

5. 作品展示区

该区域用于展示幼儿的美工作品，增强他们的成就感和自信心。展示方式可以多样化，如墙面挂画、展板展示、立体陈列等。

设计要点：墙面和地面应设置足够的展示空间，并根据作品类型和大小选择合适的展示方式；确保展示区光线充足，以便幼儿和家长欣赏作品。

二、中班美工区空间规划与环境创设的策略

（一）与实际相结合

艺术来源于生活。中班幼儿对周围生活中的一切事物有着较强的好奇心，展现出的求知欲也较为强烈。在多样化工具、操作材料的有力支持下，教师要从不同角度激发中班幼儿的创作欲望，鼓励幼儿大胆想象、积极实现对各类材料的创新利用。在美工区环境创设中，教师应注重对生活中各类材料进行全面挖掘与充分利用，将其合理投入美工区，使得幼儿的感性认识能够在美工区丰富多样材料的有力支持下得到不断丰富，为幼儿审美能力培养创造有利条件。还需要注意的是，中班幼儿的年龄较小，认知水平也有待提升。在这一阶段引导幼儿在美工区利用生活中的一些材料来进行创作，不仅要与其身心发展特点相符合，也要有助于其智力发展，让幼儿在大胆想象、动手创作中全面升华认知、情感和技能。[1]

（二）与自然相结合

大自然中蕴含的教育资源是丰富多样的。对于中班幼儿来讲，其对周围事物的了解还不够全面、深入。基于此，将与自然结合的材料提供给幼儿，既有助于幼儿审美意识的激发，也能够为幼儿认知水平的发展创造有利条件。此外，在自然材料的有力支持下，在教师的鼓励与引导下，幼儿在与自身认知特点、兴趣爱好相符合的美工区能够获得更自由、自主的创作空间，能够进一步探索大自然。这样的创作空间是开放、轻松的，在原生态环境中，幼儿产生的灵感也会更多。比如，在环境创设中，教师可以鼓励幼儿在幼儿园，或自己周边的生活中寻找、收集多样化的、更贴合自然的材料，如石头、沙子、绿豆、树枝等。教师将这些材料正确处理后，投入美工区，鼓励幼儿利用这些材料进行美工创作。例如：可以利用树叶、花朵来进行拓印画创作；可以利用树枝、石头进行染色绘画创作；等等。此外，教师对室外写生区的规划也要给予足够重视，要多为幼儿提供直接观察大自然的机会，引导幼儿主动挖掘各类自然资源进行创作。幼儿与自然环境相互作用，在潜移默化的影响中，幼儿的想象力、创新力会得到进一步发展。

（三）合理规划空间

对于中班幼儿，教师在做空间规划时，可将美工区划分成绘画区、手工区两个区域，以便幼儿结合自身兴趣与能力来选择适合自己的区域进行创作。对于美工区的工具、材料，可以结合其特点进行合理归类，如设置一个柜子放置工具，设置另

［1］ 郭颂．“马赛克方法”在大班美工区环境审议中的应用［J］．早期教育（美术版），2021（9）：8-10.

一个柜子放置材料，这样不仅看起来整洁有序，也更加便于幼儿取用，还能够进一步增强幼儿有序归类的能力。[1] 同时，教师可结合绘画区、手工区的不同需求，将可能会用到的材料归纳到最近的柜子中，以确保幼儿在需要时，可以快速找到。这为美工区各类活动的顺利开展奠定了良好基础。

三、大班美工区空间规划与环境创设的策略

（一）设置视野开阔的美术欣赏角

为了让幼儿对美术产生一定的情感，促进其积极主动创作，培养其积极的审美感知能力，在美工区，教师应注重设置能拓宽视野的美术欣赏角，尤其对于大班幼儿，要巧妙且富有节奏地展示各类色彩、形态之美，充分调动幼儿创造美的积极性。

（二）确保美工区布置的科学合理性

对于大班幼儿来讲，美工区宜选择靠近水源和窗台的地方，方便幼儿在活动中取水、换水。同时，要确保美工区采光良好，保护幼儿的视力。若条件允许，美工区应设置在便于幼儿开展个体或自由组合活动的位置。在美工区，除了配备材料柜外，预留一定面积的墙壁图板也至关重要，以便幼儿在这一区域可以自由地开展不同类型的粘贴、绘画活动。这样既能丰富美工区活动内容与形式，又有助于拓展幼儿社会交往能力的发展空间。[2]

（三）注重多样化材料的合理投放

为使大班幼儿在美工区开展更加丰富多彩的活动，除了投放颜料、油画棒、水粉笔材料之外，融入一些能调动多种感官参与的辅助材料也是至关重要的，能够为大班幼儿多方面潜能的挖掘、发挥创造有利条件。例如，可以在美工活动区播放音乐，所选音乐需具备明显的高低、快慢变化，便于幼儿通过特定图案有规律地表现音乐。例如，若音乐声音比较小，可以画一个蓝莓；若声音比较大，可以画一个苹果。这样既有助于美工区活动氛围的营造，也能够为大班幼儿创作连续图画带来更多灵感。或者融入一些幼儿熟悉的小故事，或者是有时间、地点与人物的小片段，让幼儿在认真倾听录音，或者观看动画过程中，将故事内容通过绘画的形式呈现出来，又或者以绘画的形式来创编故事结尾等。这样在丰富美工区活动形式的同时，大班幼儿的倾听、语言理解能力也能够在绘画中得到进一步增强。

---

[1] 薛安琪．大班幼儿美工区环境创设的探索与实践［J］．学周刊，2014（11）：235.

[2] 李立．立足“几点”丰富美工区材料　提升大班幼儿审美能力［J］．考试周刊，2020（A2）：163-164.

第三节　美工区空间规划与环境创设案例

一、美工区空间规划案例

（一）小班涂鸦游戏实录

年龄：3 周岁。

基本信息：刚入园的睿睿是一个爱画画的小男孩，每次美工区活动时，他都会沉浸在创作中。

背景：班内最近添置了一面涂鸦墙。睿睿第一次接触涂鸦墙。

片段一：

区域游戏开始了。老师介绍了今天新的涂鸦墙，引导并告知幼儿可以在涂鸦墙上大胆创作。睿睿选择了最新的涂鸦墙进行游戏。只见他来到涂鸦墙拿起画笔，笑眯眯地坐下来。睿睿问："老师，我可以直接画在墙上吗?"老师说："可以呀，这就是涂鸦墙，你试试。"睿睿问老师："那我画什么呢?"老师说："你想画什么都可以哦。"睿睿开始画了，画了一只小老鼠，对老师说："老师你看，我画的老鼠。"老师一看真像啊，立刻鼓励了他："你的小手真灵活，画出来的小老鼠真像啊。"睿睿笑了。

涂鸦中的睿睿

片段二：

睿睿继续创作，他全神贯注地进行着涂鸦，从左走到右，时不时地看看老师，也不说话。老师微笑着看着他，他又专注地画了起来。大概画了 15 分钟，整个墙面都画满了。他满意地看着自己的作品，向老师介绍起来，他画了树、小房子、泥土、小蚂蚁、小花朵等。

小班涂鸦游戏案例分析与教学反思如表 3-1 所示。

表 3-1 小班涂鸦游戏案例分析与教学反思

活动环节	案例分析	教学反思
片段一	小班幼儿对新材料充满好奇心，刚开始还有点害羞，怕自己画不好，后来在教师的鼓励下幼儿大胆地创作了起来。睿睿的作品给大家带来了很大的惊喜，画得像模像样。教师的表扬给了他更大的动力和信心。喜欢涂涂画画的他乐在其中，并能运用绘画表现自己观察到或想象的事物	小班年龄段幼儿常把绘画当作游戏，因此教师在区域活动中更不能在技能上对其有过高的要求，要让幼儿在自己涂鸦的过程中逐步学会使用简单的绘画工具和材料，逐步学习控制手的动作。爱因斯坦说过，想象力比知识更重要，因为知识是有限的，而想象力概括着世界的一切，推动着进步，并且是知识进化的源泉。幼儿都是创意的天才，幼儿园里一面面小小的涂鸦墙，也许就是幼儿想象力和创造力萌发的摇篮……涂鸦这种不受限制的绘画非常适合小班幼儿尽情地表达自己的想法。活动中教师的鼓励对于幼儿来说很重要，不仅能给幼儿信心，也能给幼儿安全感
片段二	睿睿在教师的鼓励之下更加认真大胆地创作了。他平时对周围的事物感兴趣，在活动中能用简单的线条画出自己想画的人物或事物，遇到问题能及时寻求教师的帮助，能注意听并做出回应 活动中幼儿的专注时间可达 15 分钟之久，符合这个年龄段幼儿的身心发展状况。活动的最后，幼儿讲述自己的创作，不仅增强了幼儿的自信心，也锻炼了语言表达能力	艺术是人类感受美、表现美和创造美的重要形式，也是表达自己对周围世界的认识和情绪态度的独特方式。幼儿对个性涂鸦很感兴趣，很喜欢没有束缚地在墙上自由发挥 活动中的材料有点少，只有白色画笔。可以给幼儿提供一些彩色的可水洗画笔和一些其他辅助绘画的工具，引导幼儿自由创作

（二）材料投放实录

年龄：3 周岁。

基本信息：哲哲是一个活泼开朗的小男孩，充满了好奇心和想象力。

背景：丰富多样、操作性强的游戏材料，能引发幼儿探究的兴趣、学习的欲望。不同的幼儿有不同的兴趣爱好。老师可根据幼儿的不同兴趣爱好，提供丰富多样的游戏材料。老师将小班美工区细化，划分为橡皮泥、涂色、贴画、剪纸、折纸五个小区域，以满足不同幼儿的参与需求。

老师在开学初期投放美工区游戏材料时，认为游戏材料投放得越多，颜色越漂亮，幼儿越喜欢，因而在涂色区投放了很多彩纸、半成品的美术作品等。材料太多，有的幼儿反而不知涂哪张好，一会涂这张，一会涂那张，导致涂色盒里纸张乱七八糟，全都是没完成的作品。活动材料投入一段时间后，幼儿能力并没有得到进一步增强。

片段一：

（刚投入涂色材料时）美工区涂色活动开始前老师要求，不能将颜色画到黑线外面。为了更具体形象，老师说道：“请小朋友们为梨儿穿上漂亮的衣服！记得不要超出黑线，否则画出来的梨儿就不好看了哦!”哲哲听完点了点头，认真地画了起来。过了一会儿，老师走过去看他的画，只见他黑线里面都画满了，正拿着蜡笔沿着黑线外面画。老师说：“哎呀，梨儿伤心了，颜色都涂到黑线外面了。”哲哲说：“我看电视里有人穿了披风，所以我也想给梨儿穿个披风，这样就算外面下雨也不怕啦!”老师道：“这是个不错的想法。请把梨儿的披风画得好看一些!”哲哲继续创作。又过了5分钟，他拿着作品来到老师身边：“你看我画得好看吗?”老师答：“真不错。”哲哲说：“我可以给柠檬穿衣服吗?”老师回答道：“当然可以啊。”于是哲哲继续去涂色了。

片段二：

（涂色材料投入一段时间后）美工区活动开始。哲哲走进美工区，他发现材料筐里满满的都是涂色后的纸。哲哲坐在那里拿着一张纸开始发呆。老师走过去问：“你怎么不涂色啊?”哲哲说：“老师，这些水果宝宝我都涂过颜色了，真没劲。”

片段三：

（调整材料之后）哲哲进入美工区，他高兴地拿起画纸和新材料开始创作。他说：“我今天要给小鱼换个新衣服，和平时看到的不一样哦。”只见他认真画了起来。

水果宝宝涂色 1

水果宝宝涂色 2

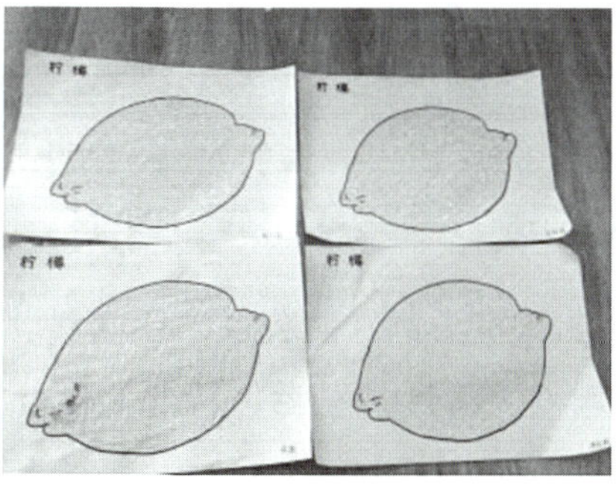

幼儿作品 1

幼儿作品 2

材料投放案例分析与教学反思如表 3-2 所示。

表 3-2　材料投放案例分析与教学反思

活动环节	案例分析	教学反思
片段一	在材料投放初期，幼儿对涂色游戏还是很喜欢的，经常有幼儿到美工区给水果宝宝们“穿上漂亮的衣服”。哲哲小朋友在完成涂色任务后，又自己做了一点创新：给梨儿画个披风。从他画披风的过程中可以看出，哲哲喜欢画画，有自己的想法，并且敢于实践。他在回答教师问题时面带微笑，十分得意地向教师介绍他的作品。从中可以感受到他参与艺术活动时所体验到的乐趣。这个小插曲展示了哲哲自主表达创造的兴趣和能力。这种兴趣和能力，对小班幼儿来说是难得且珍贵的	对于幼儿表现出来的自主表达创作的愿望和兴趣，教师应充分满足幼儿，鼓励幼儿，支持幼儿，指导幼儿 在以后的活动中，可更开放性地增加“我最能想”环节，请幼儿发挥创造力和创新能力，即画出花样来 根据《指南》精神：和幼儿一起用图画、手工制品等装饰和美化环境。活动结束后，教师应鼓励幼儿把自己的作品张贴到作品栏和主题墙上，做装饰和展览之用
片段二	材料投放一段时间后出现了无人收纳整理的情况。幼儿对于材料有点失去兴趣，觉得涂色是件无聊的事。哲哲在美工区开始无所事事和发呆 本来是幼儿感兴趣的涂色，但教师发现材料投放进去并没有让幼儿得到更好的发展，就反思班级里材料投放是否存在很多问题，如是否尊重幼儿身心发展的规律，是否符合幼儿发展的需求，是否做到了有目的、有计划、有层次地投放等。从案例中看出来需要改进之处还有很多。教师需要思考以下问题：① 为什么要投放这个材料？② 通过材料的使用，幼儿哪些方面能够得到发展？③ 幼儿到底哪些能力是欠缺的？	基于幼儿学习特点及发展情况，材料投放要有一定的策略，要有目的、有层次地进行，而不是一股脑地全部丢进区域里任由幼儿自己拿取，自由发展 教师应及时发现并做出调整，首先，将幼儿好的作品进行展示，张贴到主题墙、区域展示墙上。其次，及时更新活动材料，除了水果之外，还可投放一些小动物玩偶、汽车玩具和一些带有背景的图画；除了单一的蜡笔之外，还可提供各种炫彩棒、手指颜料等。这样能使幼儿更放松、更自由，思维更活跃，有助于幼儿个性化发展
片段三	调整材料之后，幼儿对涂色又有了兴趣，开始了自己的创作之旅，每次游戏结束时还会邀请其他幼儿来分享自己参加活动的心得和经验	投放丰富、多样且操作性强的材料，激发幼儿的活动兴趣 有层次地投放游戏材料，使每一名幼儿都能获得满足和成功 材料的提供，应充分考虑幼儿的发展特点，难易结合，服务全体幼儿。投放材料须根据幼儿的能力的发展水平与材料的损耗情况不断更新与更换

二、美工区环境创设案例

下面以苏州市吴江区八坼幼儿园小班幼儿教室为例来对美工区环境创设进行分析。教师根据幼儿年龄特点和实际情况来规划美工区，对老、新教学楼分别做了调整。

（一）老教学楼环境创设案例

美工区第一次规划：

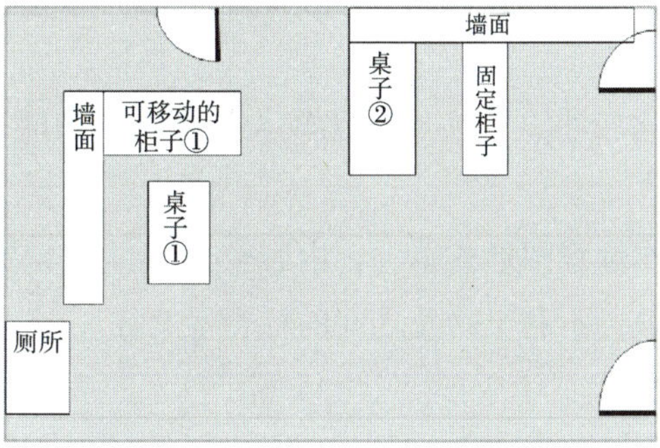

第一次规划

规划方案和缘由：

（1）可移动的柜子是两面都可以取放操作材料的，方便幼儿开展活动。

（2）桌子①用于开展手工类活动，桌子②用于开展绘画类活动。

（3）离厕所比较近，方便幼儿用水。

规划缺点：

（1）投放的材料种类比较单一。

（2）墙面关于美工区的环境创设比较少，更新不及时。

（3）缺少幼儿的作品展示空间。

（4）只有两张操作的桌子，美工区场地比较小。

美工区第二次规划：

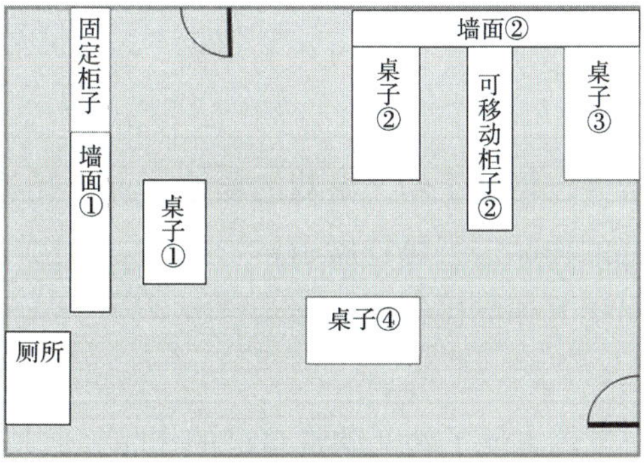

第二次规划

规划方案和缘由：

（1）将各组的固定材料以组为单位，放在固定柜子上。

（2）满足小班幼儿喜欢捏橡皮泥及其他操作活动的愿望，增加了幼儿操作的桌子③④。

（3）墙面①用于作品展示，墙面②用于张贴手工类操作步骤图示。

（4）距离水源比较近。

规划缺点：

（1）墙面的面积比较小，替换周期比较长，更新不及时，展示形式比较单一，只适合挂，不适合摆。

（2）墙面②的操作示意图形式单一，内容较少。

（3）区域过于分散，不利于幼儿之间的社会性交往。

美工区第三次规划：

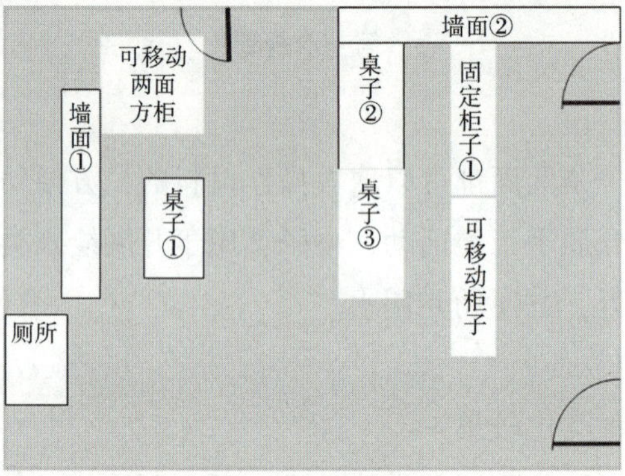

第三次规划

规划方案和缘由：

（1）可移动两面方柜解决了幼儿同时拿取材料的拥挤问题，两面都可以取放。

（2）墙面①调整了作品展示形式：悬挂、摆放都可以。

（3）固定柜子①和可移动柜子既可以作为隔断，背面又可以用于旁边区域的环境布置。

（4）将桌子②③合并，增加了幼儿游戏的场地。

（5）走廊里对幼儿的作品进行悬挂展示。

（6）固定柜子①对幼儿作品进行摆放展示。

规划缺点：

走廊里展示作品，虽然方便了幼儿欣赏自己的作品，但是不方便他人行走。

（二）新教学楼环境创设案例

1. 运河黑板

设计意图：新教学楼三楼最南面教室，视野开阔，景色宜人。极目远眺，运河之景尽收眼底，每每临近放学，竟有一种“行至水穷处，坐看云起时”的壮阔之感。由于每个教室所处位置不同，因此每班幼儿游戏环境也各不相同。渐渐地，教师愈发明确了环境对幼儿游戏的影响，在保证给予幼儿充足材料与游戏空间的同时，也允许幼儿与周围环境进行丰富对话，允许幼儿自主进行游戏探索，积极探寻自己感兴趣的事物。于是，幼儿园尝试着将美工区临窗而设。

幼儿的作品展示区应该符合幼儿的年龄及兴趣特点。为遵循课程生活化、游戏化的理念，展示区应该满足贴近大自然、贴近幼儿的生活条件。因此，展示区起初只有竖直垂挂下来的吊绳，上面夹着幼儿的绘画作品。运河资源不断渗透在园内的每一项活动中。经过一次次整改，幼儿园最后决定将隔断柜子重新打造，以一条运河的形式呈现，上面同样摆放着幼儿的立体作品。这样的形式不仅能更加直接地体现出幼儿园的运河资源特色，而且能培养幼儿对运河的情感。

画运河

2. 立体展示墙（展示区、陈列区）

设计意图：随着区域活动的开展，教师发现，幼儿的作品多种多样，并非都适合放在材料柜上。例如，平面的绘画作品，由于展示的区域较小，幼儿平时不会去欣赏；一些立体的作品，由于面积较大，放在柜子上会显得特别拥挤等。为了改善这些状况，教师与幼儿进行探讨，尝试思考不同的作品展示形式。例如：将幼儿的作品用线悬挂至适宜幼儿欣赏的高度；在靠窗栏杆的区域使用两块硬纸板，在硬纸板上面拉几根麻绳，用夹子将幼儿的平面作品夹在上面；等等。幼儿的立体作品则用一些精美的纸盒收纳并分类整理。

柜边展示

走廊展示

纸板展示

墙壁展示

3. 材料分类与整理（材料区）

设计意图：学期初，教师将所有的美术材料按不同种类放在不同格子里，希望通过这样的分类方式帮助幼儿养成收纳整理的好习惯。经过一段时间，教师发现幼儿还是会把物品随意地放在格子里，并不能做到物归原位。于是教师和幼儿进行了讨论，用什么样的方式能很好地帮助物品回到它们的“家”。通过讨论，教师决定将材料放在筐里，把筐放在格子里，然后在每个筐上和格子上贴上相应的数字标识，这样幼儿就知道每个筐的“家”在哪里了。

颜料之家

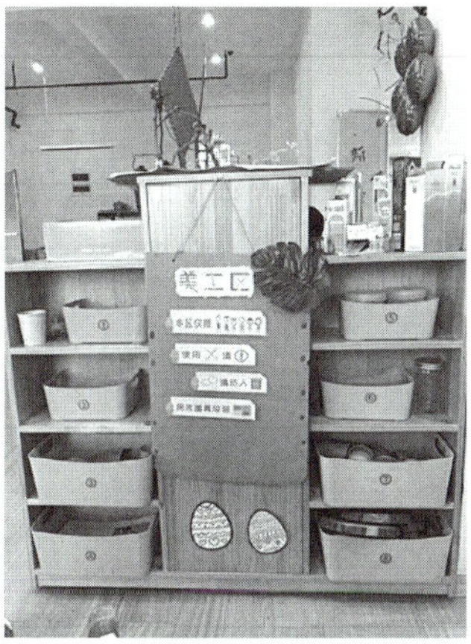

大自然之宝

纸类大集合

4. 操作区

设计意图：由于美工区是幼儿尽情创作的场所，因此教师会在美工区的操作区布置几张桌子供幼儿创作使用，还会在长廊提供大的画板，供幼儿边看运河边画运河里的船或远处运河的风景等。有的幼儿用超轻黏土在操作区进行手工创作活动；有的幼儿用蛋托进行有趣的涂色活动；还有的幼儿用彩纸做各种创作活动等。

桌面创作

长廊创作

5. 规则区

设计意图：幼儿的每次创作都源自自己的想象与灵感。教师为幼儿创设了规则区，供幼儿制定美工区的规则与要求。当然，不同年龄段的幼儿制定规则的方式也有所区别。小班幼儿以教师帮助制定规则为主，并由教师与幼儿约定好规则；中班幼儿随着能力的发展，能自己制定规则，并遵守规则；大班幼儿不但能自己制定规则，而且能与同伴一起商量设计所有的规则，并自己绘画完成规则标识。

小班规则标识

中班规则标识

大班规则标识

第四章 循规蹈矩 因势利导

——美工区规则制定与标识创设

内容简介

美工区标识的应用，为幼儿创设了一个“有规则”的活动环境，潜移默化地促进幼儿规则意识的形成。本章对美工区规则与标识进行概述，从幼儿、教师等多主体入手，探讨美工区规则与标识的意义、类型，规则制定与标识创设的原则与策略，让教师能更有效地引导幼儿合理识别和使用规则与标识，促进幼儿在美工区活动中养成良好的行为习惯。

思维导图

- 第四章　循规蹈矩　因势利导——美工区规则制定与标识创设
  - 第一节　美工区规则与标识概述
    - 美工区规则与标识的意义
    - 美工区规则与标识的类型
    - 美工区规则制定与标识创设的原则
  - 第二节　美工区规则制定与标识创设的策略
    - 小班美工区规则制定与标识创设的策略
    - 中班美工区规则制定与标识创设的策略
    - 大班美工区规则制定与标识创设的策略
  - 第三节　美工区规则制定与标识创设案例
    - 美工区规则制定案例
    - 美工区标识创设案例

第一节　美工区规则与标识概述

一、美工区规则与标识的意义

（一）美工区规则的意义

规则意识的培养是幼儿教育过程中的重要组成部分，它涉及幼儿在日常生活中各个环节的行为准则和习惯的形成。《纲要》中明确提出，让幼儿理解并遵守在日常生活中基本的社会行为规则，学习自律和尊重他人。美工区是幼儿感受美、创作美的小天地。美工区规则是幼儿进入美工区需要遵守的一系列规定和指导原则。美工区规则具有以下意义。

1. 保证美工区活动的顺利开展

幼儿的自我控制能力差，他们在活动中经常因为缺乏兴趣、注意力不集中，不能够有效及时地进行美工区活动，致使教师在班级工作的开展过程中面临一定的挑战，[1] 因此，培养幼儿的规则意识，首先要做的就是保持班级的秩序，促进美工区活动的顺利开展，增强美工区活动的有效性。

2. 保证幼儿在美工区的安全

美工区存在很多危险性的因素。无论是剪刀还是笔，都很容易划伤幼儿。以规

---

[1] 李君琴．幼儿园常规教育中存在的普遍问题及反思［J］．新课程，2021（52）：40-41.

则制定融入美工区，能够帮助幼儿了解其用法、功能及使用的注意事项，保证幼儿的安全，增强幼儿的安全意识。

3. 营造宽松的美工区创作空间

在美工区制定合理的规则对幼儿的情感发展、社会性发展、个性认知发展都有积极的影响。幼儿只有在获得精神上的放松后，才能进行创造性的工作，能更有效地参与美工区活动。

（二）美工区标识的意义

标识创设是幼儿园常用的一种管理方式。利用标识可以帮助幼儿尽快了解美工区的一些基本规则，从被动到主动，使幼儿的自主意识得以觉醒。幼儿园可以创设多种形式的图片标识，以此来丰富幼儿的视觉感官，引导幼儿逐步建立规则意识。在幼儿视线可及的范围内，贴上操作指导标识，可以让幼儿更直观地按顺序操作，按步骤进行区域活动。[1]

1. 能够促进幼儿在美工区的自我管理

良好的自主管理能力会让幼儿受益终身。在美工区引导幼儿使用标识恰好是增强幼儿自我管理能力的起始，能助力幼儿在自主管理中进行美工活动创作，帮助幼儿把材料放到正确的位置，学习正向的创作步骤，以简单、明了、易懂的特点为主要表现形式，用直观形象的方式帮助幼儿学习正确的美术创作方法。

2. 能够引导幼儿掌握美工区的技能

在活动的开展中，幼儿常因技法不足无法创作出头脑中预设的作品，从而产生创作停滞的现象，最终因为困难而放弃美工区学习活动，久而久之就失去了进行美工区活动的兴趣。因此，教师应利用图片标识，给予幼儿方法与步骤指导，引导幼儿在美工区学习有目的地参与创作活动，按照自己的意愿自选美工区的操作材料、工具，掌握各区域材料的操作方法及工具的使用方法。[2]

3. 能够引导幼儿走向自主学习

由于认知水平的局限性，3—6 岁的幼儿不易理解教师反复的语言输出。图片标识简明扼要，直观清晰。在规则教育中，在美工区有效设置图片标识有助于幼儿完成自主学习的全过程。

4. 能够引导幼儿有序摆放材料

在美工区游戏结束后，教师应引导幼儿结合箭头类操作标识将物品整齐地放置在柜子上，引导幼儿结合箭头类操作标识的颜色将物品从上到下按提示分类摆放，

[1] 季琳．设“悦”之法，享阅之乐［J］．家长，2021（28）：181-182.
[2] 钟鸣．幼儿园班级管理的策略研究［D］．长春：东北师范大学，2010.

助力幼儿有序地摆放材料。

二、美工区规则与标识的类型

（一）美工区规则的类型

1. 安全性规则

由于场地面积有限，活动项目多，活动材料质量和安全性能参差不齐，因此在班级美工区的规则制定中，要将安全放在首位。教师要有效利用图片标识消除潜在的安全隐患，制定保证幼儿安全性的规则，防止意外事故的发生。

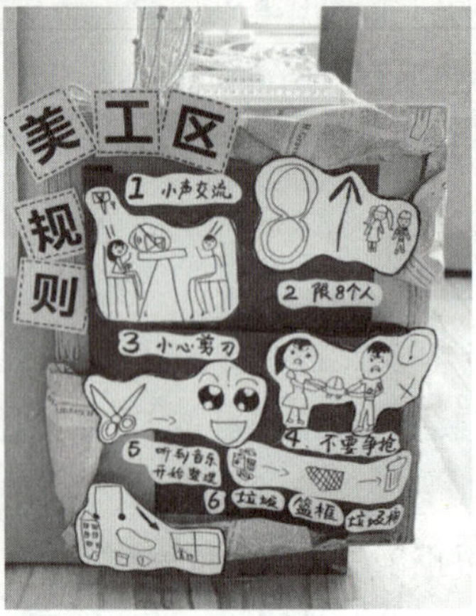

美工区规则

美工区进区须知

2. 引导式规则

在美工区开展活动时，教师要充分地为增强幼儿的审美意识和丰富幼儿的审美经验创造有利的环境和机遇，使幼儿在引导式规则中用自己的方式去表现和创造美，利用动静结合的方式指引幼儿了解规则，进行趣味活动。

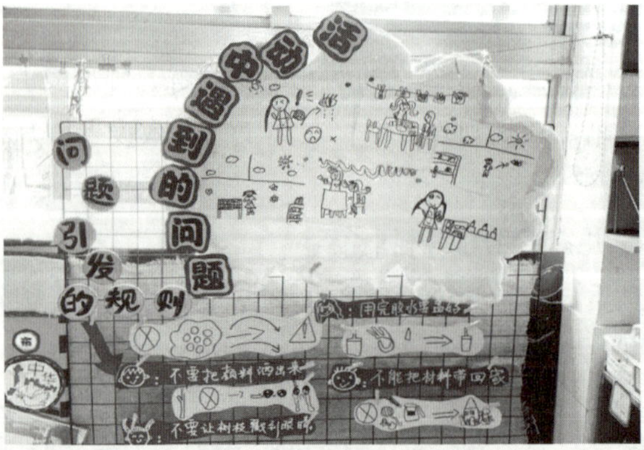

引导式规则

3. 适宜性规则

美工区开展活动应当遵循由易到难、由粗到精的原则。根据幼儿不同年龄段特点，每个年龄段进行活动的侧重点有所不同，为此，教师在制定美工区规则时，要创设适宜性规则，让幼儿充分享受自主、自由的美工创作形式，根据自己的需要和兴趣自主、自愿地开展活动。

适宜性规则

4. 发展式规则

美工区规则的制定要符合《指南》的要求，结合幼儿艺术能力的发展循序渐进地添加材料，满足幼儿创作的需要，增强幼儿的艺术能力、动手能力等。规则可从引导式逐渐发展到留白式，如扎染流程图规则的制定，初始时教师可提供整个流程图，引导幼儿自主观看，了解扎染的基本步骤与方法。幼儿分组合作设计扎染图案，根据已有经验，将设计好的图案进行扎染。后续再次进行扎染时，教师就可以提供留白式流程图，引导幼儿自主探索，并结合自己的想象探索本次扎染的玩法。

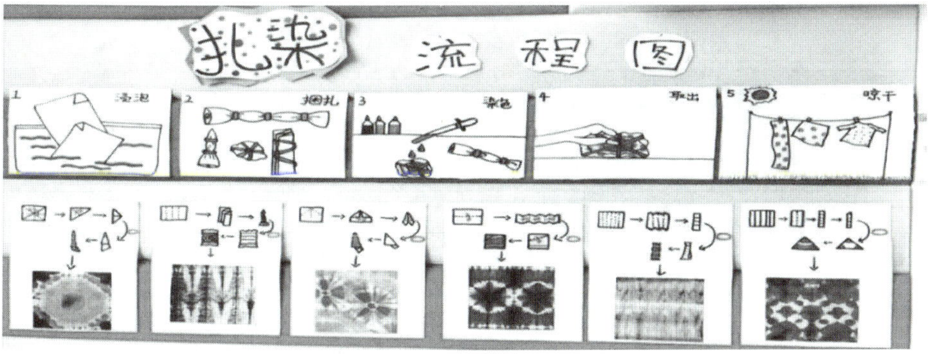

发展式规则

（二）美工区标识的类型

美工区标识的类型及其作用如表 4-1 所示。

表 4-1　美工区标识的类型及其作用

美工区标识的类型	作用
正确流程标识  	引导幼儿结合美工区活动的步骤正确地学习与联想，助力幼儿更直观地去看、去做
圆点位置标识  	引导幼儿坐在属于自己的圆点上，隐性提醒幼儿遵守规则，保证幼儿安全，同时让教师清楚区域中一共有多少人，便于控制人数
警醒标识  	提醒幼儿小心使用剪刀、不能大声喧哗，帮助幼儿养成良好的习惯
可拨动的标识 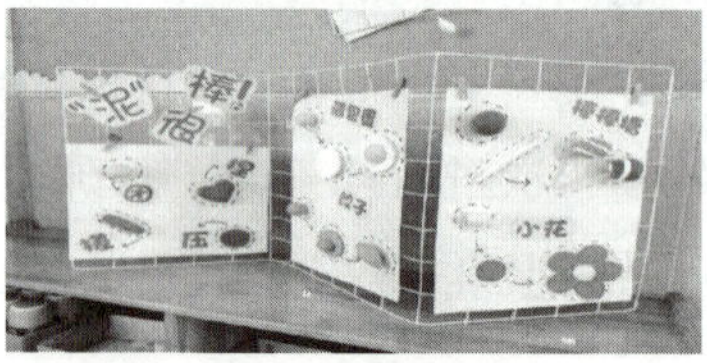	根据幼儿年龄特点，通过直观、形象、可操作的方式，用标识体现美工区活动的内容和要求，便于幼儿更好地去理解和掌握，起到积极的暗示、示范作用
自主设计类标识 	引导幼儿主动参与美工区活动，自主设计、制作标识，助力幼儿形成良好的自我规划能力
描述性标识 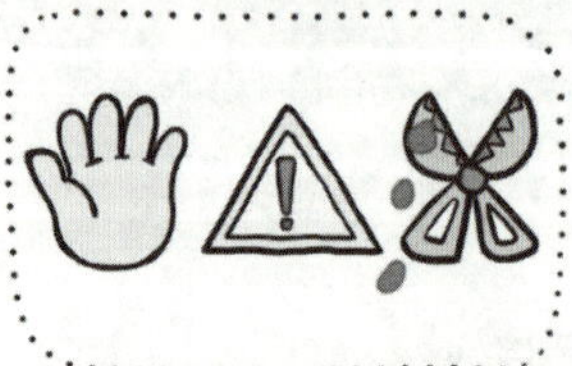	幼儿在了解美工区活动的规则后，按图示方式制作规则符号，如美工区的“一把带血的剪刀”表示“注意剪刀”，该类标识能够引导幼儿结合图片进行讨论，最终掌握规则

三、美工区规则制定与标识创设的原则

（一）幼儿参与原则

教师本身应该树立正确的环境创设观念，明确规则创设的目的是让幼儿成为美工区的主人，并使幼儿通过自主参与创设规则的制定习得更多关于美工区的常规的知识，促进幼儿技能、情感发展，以及身心健康发展。标识设置的位置应该是幼儿都能看得清且能触摸到的位置，以保证幼儿能自主参与创设美工区规则。教师可引导幼儿自主制定标识，粘贴在美工区内。

例如，在美工区，首先，教师可结合幼儿的需要，贴一些一目了然的标识，让幼儿清楚地看见该遵守怎样的规则。幼儿除了在美工区做到“从哪里拿就放回到哪里去”，在生活当中也应如此。其次，教师可以引导幼儿参与美工区标识创作的过程，与幼儿一起讨论，将班级的美工区重新规划，划分成材料工具区、半成品区、作品展示区、绘画区、手工区和欣赏区。[1]

（二）循序渐进原则

规则不是一成不变的，是根据游戏的实际需要进行不断调整逐步完善的。不管是共同讨论制定规则，还是在试误中逐步完善区域规则，都需要遵循幼儿是游戏主人的原则，让幼儿在游戏时发现问题并解决问题。

比如，在美工区，教师在显眼的区域位置，根据区域游戏的需要，贴上了生动形象的操作提示标识：进区卡标识—自由选择美工游戏材料标识—游戏中把废纸等扔进垃圾桶标识—把游戏材料整理好并摆放回原来位置标识。在这种区域游戏环境中，幼儿会逐渐习惯于游戏环境，并根据自身的习惯进行调整。

（三）全面考虑原则

教师设置规则标识时，应依据幼儿的年龄段进行不同规则标识的创设。在美工区方面，依据每个年龄段幼儿的理解与学习能力，分别去创设和完善。比如，在小班，由于此时幼儿还处在感知发展阶段，对一些形象符号与图片非常感兴趣，因此教师可以用幼儿喜闻乐见的图片或者图画进行创设，让幼儿尝试理解并遵守规则。在中班，幼儿认知水平提高，渐渐地可以将简单文字与图片进行结合，教师可以依据《指南》中的要求对规则标识进行系统的创设。在大班，幼儿已经具备认识简单文字的能力，此时规则标识的创设应着重体现在文字的布置上。教师要结合幼儿年龄特点与认知发展水平对规则标识进行创设。[2]

---

[1] 洪文元．基于儿童视角的美工区研究［D］．南京：南京师范大学，2018.

[2] 黄丽娟．在科学探究活动中注意环境创设的“四要素”［J］．小学科学（教师论坛），2012（5）：149.

（四）资源全面利用原则

在美工区规则制定中，教师要灵活使用班级所有可制定规则的地方，从地面到墙面，从工具筐到材料架，综合性地利用各种图片标识进行美工区规则的创设。例如，在美工区活动中，教师可以引导幼儿在墙上张贴爱护每一种材料的方法规则，可以在不同的材料上贴上与材料筐对应的颜色，引导幼儿从哪里拿就放回到哪里去；可以把美工区一些幼儿不会使用的材料做成图例，引导幼儿探索材料的使用方法，助力幼儿在资源全面利用的规则创设中形成良好的整理及常规意识。

第二节　美工区规则制定与标识创设的策略

结合幼儿园美工区的实际情况，在制定区域活动规则、创设标识时，针对小、中、大班幼儿，教师要运用不同的规则制定和标识创设策略，帮助幼儿清楚地理解标识和相应的美工区活动规则，同时，有效地引导幼儿合理识别和使用标识，促进幼儿增强规则意识并形成遵守规则的习惯。[1]

一、小班美工区规则制定与标识创设的策略

小班美工区规则与标识图

[1] 王文文．大班区域活动标识的设计与运用［J］．教育导刊，2020（20）：23-27.

（一）制定规则与创设标识，保证活动顺利进行

1. 制定的规则要简单明了

在美工区开设前，教师可制作一些简单规则的大标识牌，先让幼儿了解该区域的名称、材料等。再根据美工区的大标识牌制作几张相应区域的规则小挂牌给进入美工区的幼儿佩戴。教师可以在大标识牌的最上端以剪刀标识作为美工区的象征，还可以添加一些绘画人物和绘画工具标识。

（1）选区牌：选区牌是代表幼儿个体的特殊符号，以幼儿喜欢的形式呈现美工区的情况，如在哪里玩、可以几个人一起玩。选区牌巧妙地暗示了幼儿入区的人数，有序解决了幼儿选区的问题。

例如，今天苹果组和葡萄组的 5 名幼儿想去美工区玩，他们就把选区牌挂在身上。当钩子上的标识牌都拿完了，说明该区域的人数满了。

（2）进区示意图：示意图是美工区常用到的一种方式，通过符号、图画形式呈现幼儿应该遵守的规则。

教师要让幼儿对美工区的规则有详细的认识，如在美工区活动中，要正确使用剪刀等操作工具，保持衣服干净，在活动结束后要把材料“送回家”等。

规则呈现 1

规则呈现 2

2. 创设的标识要形象有趣

小班幼儿的思维主要以具体形象思维为主，因此创设的标识应配以有趣的图片和鲜艳的色彩。在美工区，教师可在摆放扭扭棒的竹筐表面和对应的柜面上贴整个水果与切半水果的图片标识，在摆放纸杯的竹筐和柜面上贴颜色不同的蝴蝶结图片标识，在放颜料笔的竹筒上贴颜料笔图片标识等。

标识形象化

标识具体化

在开展美工区活动时，为了给幼儿带来更多的欢乐，教师应该采取行动，对幼儿的兴趣进行全面的调查和分析，将标识和幼儿的兴趣结合起来，这样才能最大限度地发挥美工区的作用。[1] 幼儿感兴趣的标识可以激发他们的学习动力。例如，在创设小动物的标识时，教师可以让幼儿选择自己喜欢的动物，如小狗、小兔等。除此之外，教师还可以在标识牌上增加幼儿熟悉的元素，如数字符号、人物照片等，通过建立一个良好的活动环境，避免幼儿因不熟悉标识而降低参与的积极性。

有数字符号的标识牌

有人物照片的标识牌

（二）关注幼儿的需要，创设直观环境

1. 规则制定要合理化

美工区活动的规则应由教师和幼儿共同探讨，通过集体商议后，制作符合小班幼儿特点的规则标识，如保持安静、正确使用剪刀、有序取放等标识。在幼儿进区前，教师要对规则进行恰当的复述。在活动完成后对遵守规则的幼儿进行表扬，并鼓励他们养成良好的行为习惯。

[1] 殷月玲．幼儿园区域标识在一日生活中的运用［J］．家长，2021（5）：131-132.

美工区规则内容可设计成单一形象的某个图案。这个图案可以是具体的照片，也可以是某种颜色或形状等，让幼儿明确这是什么，该怎么做。整理玩具是小班幼儿需要重点掌握的规则之一。在美工区，教师应在材料柜面和材料筐上分别贴上各种材料的标识，以便幼儿拿到所需的材料。标识不仅可以作为活动材料的提示、指引和规范，而且按照标识操作可以节约区域活动结束后的材料整理时间。

2. 标识创设要有指向性

在创设标识前，教师要与幼儿集体讨论怎样对材料及工具进行有序的取放，确保美工区内各类材料及工具摆放整齐，如用标识指示进入美工区的人数，用标识指示工具使用的方法、步骤（帮助幼儿安全使用），用标识指示废弃物放置的位置（习惯养成）等，帮助幼儿建立美工区活动的规则意识。美工区材料和工具的摆放要合理，不同的工具盒、材料筐应设有不同的标识，且与柜面位置上的标识相同，便于幼儿根据标识指示，有条不紊地取放材料和工具。[1]

二、中班美工区规则制定与标识创设的策略

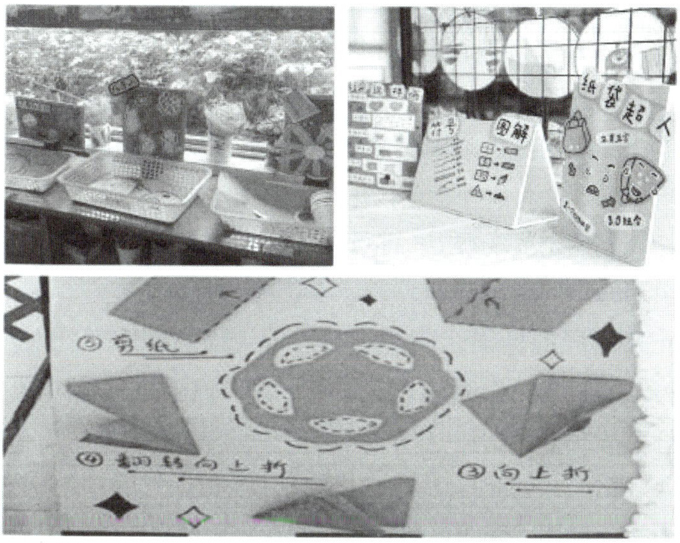

中班美工区规则与标识图

（一）尊重幼儿主体地位，充分发挥教育价值

1. 转变观念，重视教育的价值

在美工区活动中，部分教师往往只关注规则对活动本身的管理价值，关注幼儿

[1] 陆樱菲．幼儿园美工区活动探究［J］．甘肃教育，2020（19）：102-103.

能否安静、有序地开展活动。一旦幼儿表现出过于活跃、吵闹的行为，教师就认为幼儿对规则的遵守情况不理想。

教师需要转变观念，重视教育的价值。美工区规则教育需要围绕幼儿园教育活动目标开展，以促进幼儿身心和谐发展。而对幼儿而言，规则可以帮助他们尽早地培养良好的习惯，形成规则意识，增强自控力。对教师而言，教师要利用好区域规则教育，以实现某种教育目的和教育意图。

2. 师幼共建，尊重幼儿的意愿

教师在对美工区规则与标识进行创设时，应首先围绕创设的具体内容（诸如规则纸板的摆放、标识牌张贴位置等方面）与幼儿进行探讨、交流，让幼儿大胆发表自己的想法，并让幼儿将自己的想法付诸行动，如张贴画纸、摆放物品等。通过亲身参与，幼儿能够获得丰富的活动经验，并从中获得成就感和自豪感。教师还可以邀请幼儿参与制定美工区的规则和标识。例如，先让幼儿自由发表观点，谈谈对美工区这一区域活动规则的认识，然后让幼儿围绕这些方面的规则提出自己的想法和意见，最后对幼儿说的内容进行归纳、修改，形成一套完整的活动规则。

（二）通过多种途径，增强幼儿的规则意识

1. 尊重幼儿，增强幼儿的规则协商意识

幼儿在美工区活动中展现自己，需要有相应的规则来维持秩序和保证活动的顺利进行。教师应当培养幼儿的规则协商意识。幼儿具备区域规则的协商意识之后，会很积极地参与进来，并将这种意识转化为行动的动力，在争做区域活动小主人的同时会自愿遵守当初制定的规则，也能够不断地相互提醒，把区域规则转变成幼儿区域活动的内在需求。

2. 分类识别不同的标识，让幼儿在设计中理解并遵守规则

美工区的材料可以选用托盘、浅筐、透明容器来盛放，根据中班幼儿的年龄特点，以点、数配对做标识。教师可以先在每个材料筐上贴上数字，在柜子上贴上相应的点，[1] 让幼儿一看就能明白哪种材料放在哪个筐，然后，再在摆放这筐材料的柜面上贴上同样的实物图。幼儿整理时，只要在对应的柜面上找出对应的实物图并将其摆放好即可。幼儿可以利用标识来学习美工区的活动规则。幼儿通过与标识“对话”，了解、学习和掌握区域规则。

不同的标识创设对幼儿的影响也是不同的。在区域活动中，教师可提供一些有问题的实际案例，引发幼儿在探究中发现并解决问题。不同材料的探究可以帮助幼儿获得不同的经验。幼儿对材料的探究是自由的、富有创造性的。尽管如此，教师

[1] 骆丽霏．创设主题墙 促进教师专业成长［J］．辽宁教育，2017（2）：68-71.

也可以在环境中设置一定的图示。例如，操作流程图、操作示意图、问题提示、记录表等，它们为不同发展水平和能力的幼儿创造了学习契机。

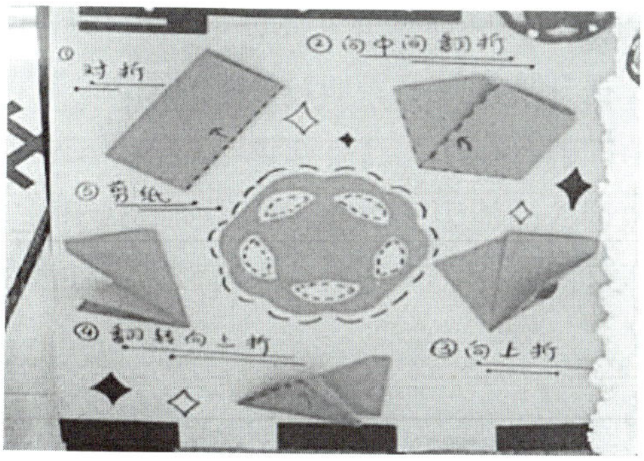

手工剪纸流程图

操作示意图

手工制作步骤图

三、大班美工区规则制定与标识创设的策略

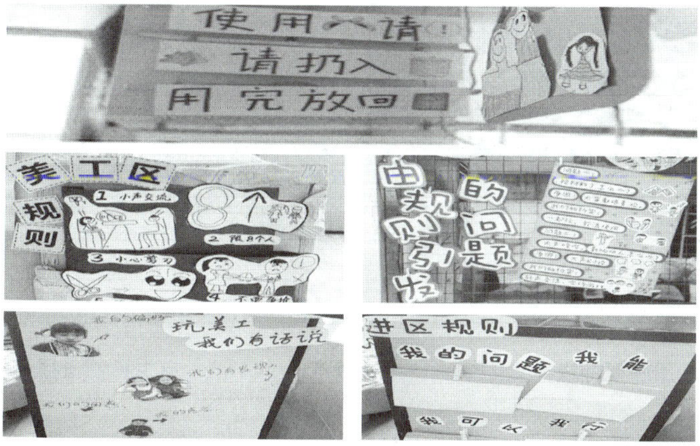

大班美工区规则与标识图

（一）基于幼儿视觉，转变教师角色

1. 适时介入，实施有效的指导

教师适时介入能够充分调动幼儿的多种感官，顺应幼儿艺术发展的内在规律，促进幼儿感知事物、认识事物，建构知识，提升技能技巧，如对色彩的把握、空间的布局、情感的表达、线条的选择等要素的理解。在幼儿已有知识经验积累的基础上，激活幼儿的创造性思维，增强幼儿想象创造的能力。例如，幼儿在活动中遇到困惑而停滞不前时，教师恰到好处的介入能帮助幼儿在操作活动中增强创造性表征能力，帮助幼儿解决问题、重拾信心。

2. 丰富形式，帮助幼儿理解和运用

各种形式的标识对幼儿来说，是一位“不说话的老师”。清晰、直观、易懂的标识符合幼儿的认知特点。教师要不断转换自己的角色，根据大班幼儿美工区的特点和规则，引导幼儿设计出适合该区域的不同种类的标识。

（1）图画型标识。

教师有权让幼儿制定活动的规则，鼓励幼儿和同伴一起用图画的方式表现这些规则。对于一些比较复杂的，幼儿可以在教师的指导下完成。在绘制进区标识时，幼儿可自由组织，首先，以设计选择进区规则为主要内容；其次，小组成员之间就标识包括哪些内容进行讨论，如进区人数限制、活动中的争抢问题等。

下面是大班幼儿所设计的图画型标识。

活动规则：小声交流，不要争抢，听到音乐开始整理，垃圾要扔进垃圾桶等。幼儿根据自己制定的规则及活动中遇到的问题而创设美工区的图画型标识。

图画型标识

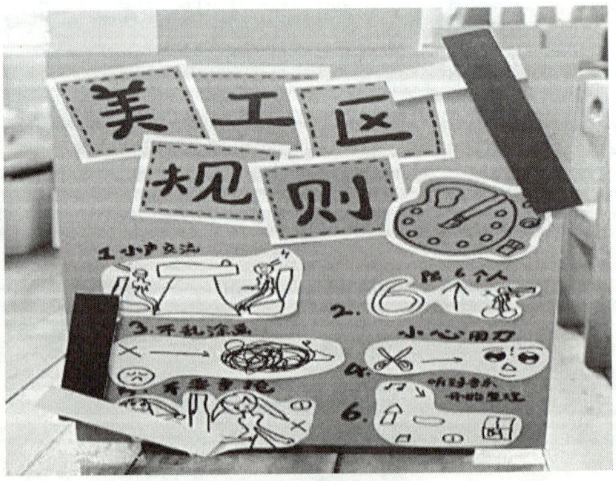

自主绘制进区标识

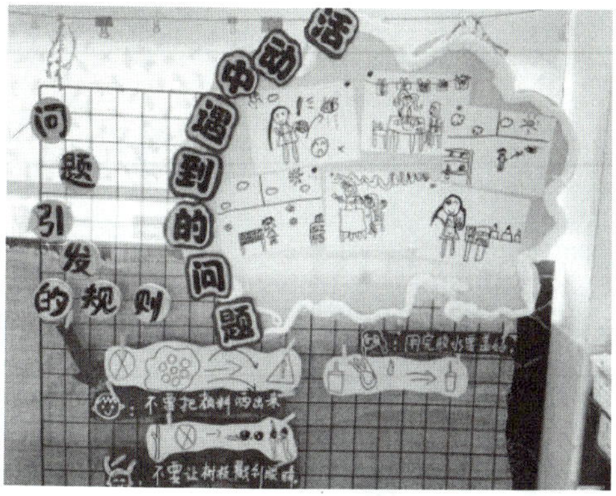

由问题引发的规则

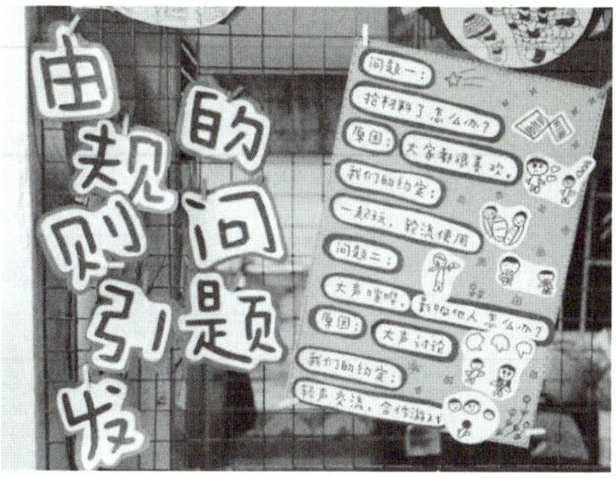

由规则引发的问题

（2）照片型标识。

在美工区，当幼儿缺少操作过程的经验，以图画的方式进行设计和表达比较困难时，教师需要提供具体的操作步骤图。例如，通过与幼儿的交流，教师可以向幼儿展示操作顺序和活动玩法的照片，这样就产生了照片型标识。教师用相同的方式可以为幼儿提供设计刺绣、扎染步骤的照片。幼儿与教师一起制作照片型标识，这让刺绣、扎染活动变得更生动。

照片型标识

（3）材料标识。

在大班，让幼儿自己设计分合、加减标识，可以拓展大班幼儿进行分合、加减的能力。为了巩固幼儿对数字的认知，教师将数字分合的知识运用到材料标识中。幼儿取放材料的过程也是不断思考的过程。

分合标识

3. 合理评价，发挥其更大价值

美工区活动结束后，教师要及时组织幼儿分享、交流，以引导幼儿解决问题。在这个过程中，如何进行分享、评价，如何分享和评价才更有效果，这些问题需要教师与幼儿共同商量讨论，以提高评价分享的价值。

（1）活动分享。

在美工区活动中，幼儿玩了什么？玩得怎么样？有什么发现或收获？怎样让幼儿愿意说？环境中隐含哪些要求提示？

记录牌：大班幼儿每次在美工区都能够将自己的发现、问题及困惑记录在本子上，并和教师、同伴一起来说一说。

问题记录牌

（2）评价方式。

区域活动结束后，教师要引导幼儿尝试评价自己和他人对区域规则的遵守情况、材料的使用情况，并引导幼儿尝试采用适宜的方式和方法解决在操作中出现的问题。

评价板：在讲评中，将幼儿提出的好的想法及时记录在评价板上，以正向的形式让幼儿清楚了解正确的、全班认可的行为，以便幼儿进行自我对照，及时调整或改进自己的行为方式，进一步增强幼儿在区域活动中的规则意识。

规则留白板

规则评价板

（二）统筹各种因素，合理规划

1. 贯穿始终，巧妙设置区域规则

（1）活动开始前（进区规则）。

进区卡：在进区规则中，美工区的人数限定起到了很大的作用。教师要时刻关注区域的活动情况，在一定的空间内，要使幼儿自主学习，主动探索，与各种材料进行“互动”，形成良好的规则和行为习惯。

区域标识挂（贴）牌：在美工区，区域标识牌起到了标识指引的作用，而区域标识的设计，也是一门学问，既要让人赏心悦目，又要培养幼儿的艺术修养，还要蕴含环境教育的力量。

材料区侧边规则呈现

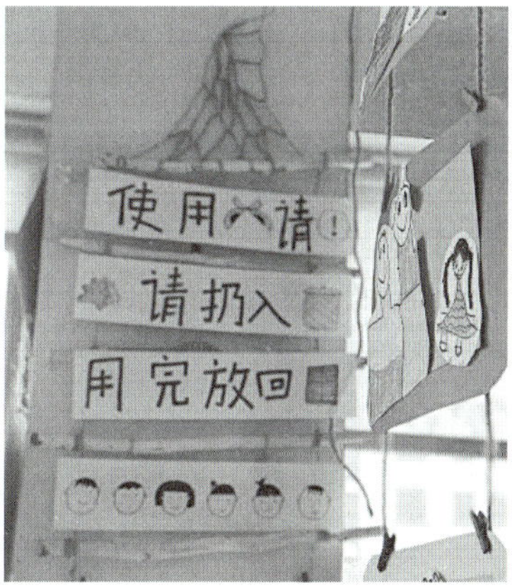

区域墙面挂牌示意

（2）活动实施中（操作规则）。

在美工区活动中，幼儿大声吵闹的现象很常见，影响了其他幼儿的活动；幼儿不熟悉操作材料，行为有一定的盲目性；幼儿的随意活动造成了材料的随意摆放和分类等问题。针对上述问题，教师要找出问题原因并完善操作规则。操作规则起到的作用主要是在幼儿进行操作时给予提示。教师可通过强化幼儿对活动要求和活动方式的记忆，增强幼儿的活动规则意识。

（3）活动结束后（整理规则）。

整理规则：请把废纸屑扔进垃圾桶；请把操作工具清洗干净，如颜料笔、颜料盘等；请根据标识把材料归放到对应的位置。

美工区活动结束后，在对不同的材料、工具、物品的整理上，教师要充分尊重并发挥幼儿的主动性，让遵守规则成为全班幼儿的共同认知。

2. 因地制宜，规划空间方位布局

在美工区，教师要尽可能充分利用墙面、地面、柜面等，可以利用墙面规则排序，激发幼儿体验成功的喜悦及对绘画、制作的兴趣。规则和标识的展示位置应明显，方便幼儿感知。

（1）“进区规则”呈现。教师将幼儿进区规则拍成照片，或者自制规则，采用图文并茂的形式，进行美工区墙面的布置，不但美化了周围的环境，也起到了良好的引导作用。

（2）“幼儿操作规则”呈现。将幼儿平时的操作规则，或者良好的行为习惯要求，如正确使用工具、大胆创作表达、有序取放材料等，以图文并茂的形式展示在显眼的地方，如材料柜侧边缘。

3. 适当调整，满足需求促进发展

在美工区，幼儿活动规则的制定常常并非一步到位，而是依实际情况逐步完善，逐步跟进。首先，在主题活动的背景下，美工区的活动应与主题有机结合，同时也会有一些调整。活动的内容和材料不是固定的，而是根据幼儿的经验水平和发展需要进行扩展或调整。在每次提供新内容和新材料时，教师可通过“新推荐”标识引发幼儿关注。其次，幼儿在不断地成长，规则也不可能一成不变。当一些规则已经成为幼儿的自觉行为时，教师应和幼儿讨论并适时地实施新的规则。

第三节 美工区规则制定与标识创设案例

一、美工区规则制定案例

案例一：想进美工区玩耍的晨晨

年龄：3 周岁。

案例描述：区域活动游戏时间很快到了。小朋友个个都很高兴，手里拿好入区卡等待着。老师对区域活动的要求是小朋友要先插入区卡再进区玩，每天只能进一个区，一个区里面只能有 5 个小朋友。晨晨昨天已经去过美工区了，美工区要插草莓卡片，她的卡片包里已经没有草莓卡了。她就走到老师身边，对老师说："老师，我想去美工区玩。"老师说："美工区要插草莓卡，你的草莓卡呢？"晨晨说："我没有草莓卡了。"老师说："那你是不是去过美工区了？没有草莓卡就不能进美工区了，你去别的区玩吧。"晨晨不是很开心地去了阅读区看书。阅读区旁边就是美工区。晨晨看着美工区里的小朋友做手工做得很开心，还是没忍住去了美工区。美工区的幼儿玩着玩着声音大了起来。老师听到后说："美工区声音太大了，怎么回事？"然后，老师看到了在美工区做手工的晨晨，说："美工区怎么有 6 个人了？晨晨，你是美工区的吗？"晨晨说："我不是。"老师很生气，说："我不是说了你没有草莓卡就不能进美工区吗？谁让你来美工区的？大家天天都进区。我说了多少次，小朋友们要插卡进区，进区了就不能改，你怎么还是记不住。你别玩了，去椅子上休息吧。"晨晨听后就不开心地到椅子上坐着了。从那之后，晨晨一直都不太开心，活动时也不太积极，不像平时那样活泼。

教师提醒幼儿插区域牌

幼儿进入阅读区

幼儿换区

幼儿情绪表现

案例分析： 在这一典型案例中，晨晨违反了美工区活动的规则，在不被允许的情况下进入美工区活动。教师看到后，直接以言语批评的形式对晨晨进行了制止。晨晨平时是一个聪明又活泼好动的女孩。这样的违规行为在晨晨这样活泼的幼儿身上比较常见。教师通常会用警示、批评等方法来阻止这种不守规矩的行为。针对案例，对于这种不遵守美工区规则的行为，教师往往采取简单直接的负面教育方式。案例中晨晨被教师批评后虽然停止了违规行为，但她的情绪和活动积极性都受到了影响。就本案例而言，批评并不是最合适的教育方式，或者批评之后应该有其他正面教育方式来补充，而不是看到幼儿停止违规就结束教育过程。

案例二：摆在正中央的盒子

年龄： 4 周岁。

案例描述： 选择在美工区开展活动的小朋友拿来了一些彩纸和几个玩偶，他们准备用彩纸装饰玩偶的衣裳。活动前，老师就明确地向他们提出了要求：桌子正中间放了一个盒子，待会儿剪纸的时候，请小朋友把不要的纸屑放在盒子里。如果纸屑掉在地上，请马上捡起来放进盒子里。活动开始后，几个小朋友都剪下了纸屑，要将纸屑扔进盒子里。一开始他们都能够轮流把盒子往自己身边拉近一些，慢慢地将纸屑放进盒子里，不让纸屑掉出来。但是，随着活动的进行，纸屑越来越多，有的小朋友就把盒子直接放到身边，方便自己扔纸屑；有的小朋友拿着纸屑走到盒子边去扔，在半路上就掉了一些在地上；还有的小朋友手里攥着纸屑，可是这么多纸屑小手怎么攥得紧呢？玩久了，桌面上渐渐铺满了纸屑。纸屑很轻，在小朋友的衣袖摆动间往外飘出去了一些，渐渐地在临近的其他区域中也能看到纸屑的身影。尽管老师走过来时不时地在一旁提醒，但是他们依旧沉浸在剪纸中，并没有理睬。

选取材料操作

材料盒位置偏向一边

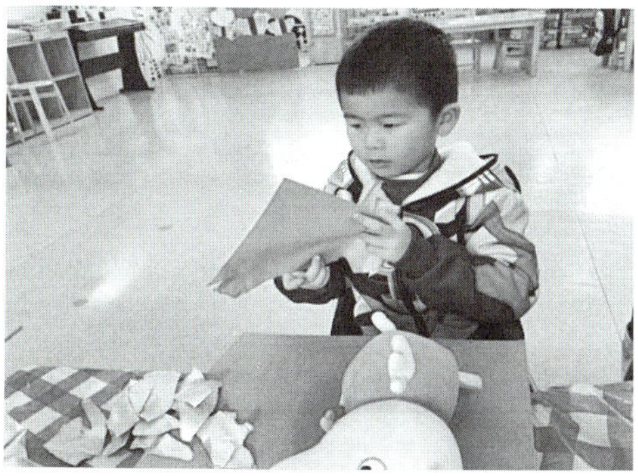

纸屑未投放到材料盒

纸屑盒未摆放在桌子中间

案例分析：幼儿在美工区的行为引发了教师的思考。以前大班的幼儿在游戏过程中都能很好地遵守规则，两相比较，是教师对中班的幼儿提出的要求太高了，还是在材料方面出现了什么问题？为了验证猜测，教师在桌子旁蹲下来，模拟幼儿扔纸屑的情景，这才反应过来，由于幼儿手臂不够长，伸手将纸屑放入桌子中间的盒子里比较困难，将盒子拉过来拉过去也比较麻烦，而且幼儿的兴趣始终在剪纸和装饰玩偶上，因此忽略了规则。下次可以多准备几个小的折纸盒子，一人一个，这样就能方便所有幼儿放纸屑了。

案例三：不遵守规则的轩轩

年龄：5 周岁。

案例描述：在区域活动开始前，老师将准备好的不同大小和颜色的圆片投放在美工区。老师在小纸盘上投放了足够数量的圆片和三个胶棒。游戏开展后不久，美工区的幼儿发生了很大的冲突。轩轩自己拿着胶棒不给其他的小朋友使用，并且从盘子中抢走了很多圆片，直接导致了其他的幼儿没办法完成作品。瑶瑶等人问轩轩要，轩轩执意不给，还去破坏柠檬已经做好的作品。老师见状后就将轩轩抢来的材料拿过来，分给其他的幼儿。轩轩见到自己的材料被分出去了一部分，就开始哭闹，去抢被分走的材料。老师及时制止了轩轩的行为，并且将轩轩带离了操作桌。老师问轩轩："你为什么抢别的小朋友的材料，还弄坏了柠檬的画？"轩轩说："他们也在拿呀。我怕最后材料被抢光了。"老师跟轩轩说："每个小朋友都有同样数量的东西。你要学会跟小朋友一起分享。小朋友们要轮流使用胶棒。你用完了就要放在那里，等待别的小朋友用完。你要学会等待知道吗？如果你的材料最后不够了你可以跟老师再要的。"轩轩说："知道了。"然后就去跟柠檬道歉，并继续操作。老师并没有离开而是持续观察了一段时间，轩轩仍然会出现占着胶棒不给的行为。老师看见后及时制止说："用完了，请你放在一边，先粘好手里的圆片。或请你学会等待。瑶瑶用完了你可以拿去用了。"这样的方式重复了几遍后，轩轩慢慢地形成了等待的意识，知道了在美工区的规则（要保持安静，不能争抢）。虽然仍然会着急，但是可以做到耐心地等待别的小朋友放下后再去取用。老师对这样的改变进行表扬后才离开。

活动开始

幼儿争抢材料

教师介入，帮幼儿解决问题

幼儿友好合作

案例分析：该案例中的轩轩由于不遵守美工区的规则而引发了同伴之间的冲突，并且严重影响了其他幼儿的创作。轩轩的动手能力不如班级的其他孩子，而且个性很强，极易冲动。他因为怕自己慢，最后会没有材料，所以拿走了桌子上的很多材料，并且自己一人霸占着胶棒。在美工区活动中的操作环节经常会发生这样的冲突，因此教师在配给材料的时候首先应尽量保证活动中材料、颜色、种类等数量充足，并教会幼儿取舍和分享，在自己想要的材料没有了的情况下，开动脑筋，选择尝试其他的替代材料。教师对于尝试这样做的幼儿应给予表扬，不仅要鼓励其他的幼儿也试着去这样操作，还要提醒幼儿牢记美工区的规则。长此以往，幼儿不仅能学会开动脑筋解决问题，也能减少冲突的发生。

二、美工区标识创设案例

案例一：自制标记，游戏规则自主化

年龄：3周岁。

案例描述：美工区传来了争执的声音。老师走近一看，原来是诺诺和好好两名幼儿在为这是谁的泥塑争执。诺诺、好好都说红色的泥塑是自己的。老师看两人争辩不出结果，就说："那怎么办呀，泥塑它又不会说话，怎么知道是谁的呢？"听了老师的话，他们两个谁都没有吭声，最后只能先由老师保管泥塑。活动结束后，老师把这件事情讲给了全班的幼儿听，把问题抛给了幼儿。涵涵举着手抢着回答："老师，在泥塑上做个标记就行了，这样就知道东西是谁的了。"听完涵涵的回答，大家都拍起手来。老师又接着问："什么标记代表诺诺的，什么标记代表好好的呢？"这时玉玉站起来说："诺诺是女孩子，喜欢红色，贴上红色的圆形标记的就是诺诺的。"老师接着说："那么好好就用蓝色的正方形标记吧！"就这样，这个纷争就通过贴标记的方式解决了。

案例分析：自制标识的出现代表着幼儿规则意识的养成。幼儿在出现问题后，通过自制标识解决了活动中的争抢问题，意味着游戏水平的进一步提升。标识是幼儿在区域活动中活动和学习的载体，它不但可以支撑幼儿的学习，而且是指导幼儿主动学习的有效途径。

幼儿争抢

情绪矛盾

友好合作

案例二：观察幼儿的需要

年龄：4周岁。

案例描述：在一次美工区活动结束后，老师发现幼儿把操作剩下的垃圾全部放在桌子上或扔在了地上。老师在评价时特别强调说："今天美工区的垃圾好淘气，会到处乱跑，那要怎么样让这些垃圾变得乖乖的呢?"有个小朋友说："我们来做小警察，管住它，叫它们乖乖地待在盘子里。"幼儿虽然答应得很好，但在第二天的美工区活动中，仍然把垃圾丢得满桌满地都是。

通过观察，老师开始思考：每次幼儿在美工区操作完都会忘记处理垃圾，如何让幼儿操作结束后按照要求把垃圾放入盘中呢？针对这一问题，老师与幼儿展开了一次讨论。在讨论过程中，幼儿纷纷说出了自己的想法。老师最终决定制作"大嘴巴"垃圾盘标识，并让幼儿来完成"大嘴巴"这个标识的设计。在接下来的美工区活动中，幼儿都能兴致盎然地按照标识将垃圾"喂"给盘子里的"大嘴巴"。

垃圾乱扔

制作垃圾"大嘴巴"标识

耐心裁剪

按规定“投喂”

案例分析：教师应有效地引导幼儿养成“垃圾入盘”的规则意识。标识的数量不一定要多，要视情况而定。如果幼儿在某些方面有问题，教师可以通过标识来提醒他们遵守规则。教师善于发现美工区活动中存在的问题，并在此基础上与幼儿互动讨论设置标识，这是一种明智的做法。只有这样，才能使标识和区域活动更好地为幼儿规则意识的培养服务。

案例三：没有树叶的阳阳

年龄：5 周岁。

案例描述：今天美工区活动添加了新的内容。幼儿都很兴奋，期待美工区的新游戏。阳阳想要去他最喜欢的美工区。今天的活动主题：美丽的小树叶。规则要求：幼儿使用颜料笔对树叶进行创意涂色，并用超轻黏土做树叶粘贴在树枝上。老师之前已经画好符号说明，作为创意涂色树叶的隐形指导，还在桌上的展示牌和纸板上贴上了各种漂亮的小树叶图片和幼儿制作超轻黏土树叶的流程图。阳阳插完进区卡后高兴地向美工区走去。到了美工区他才想起来刚才好像没有听明白美工区要玩什么。阳阳看了看美工区，发现了桌子上的超轻黏土和纸板上的流程图，原来是要用超轻黏土做小树叶啊，他高兴地制作起了小树叶。区域活动结束后，老师发现阳阳只用超轻黏土做了树叶，就问他：“阳阳，你怎么没有对树叶进行涂色啊?”阳阳说：“我不知道还要涂色。”老师说：“旁边的纸板上不是有吗，你看其他小朋友都在制作创意树叶画。”阳阳说：“啊？我没看到纸板上画的东西。”老师无奈地说：“下次阳阳要认真一点，明白规则要求之后再玩哦。”

听了老师的话，阳阳拉近了示意图，并按示意图进行活动。

制作小树叶

未关注流程图提示

幼儿拉近示意图

按示意图进行活动

案例分析：教师对美工区的两项活动的内容都进行了标识提示。对于给树叶涂色的内容，教师采取了符号提示的方式，将标识画在了展板上。对于超轻黏土做树叶的内容，教师采取了流程图提示的方式，在纸板上贴了图片和照片。可是对于阳阳来说，只有流程图提示发挥了作用。阳阳只注意到了纸板上关于用超轻黏土做树叶的图片，没有注意到展板上的符号标识提示内容，便只用超轻黏土做了树叶，没有给小树叶涂色。符号标识没有发挥作用的原因：首先，符号是教师用水彩笔画的，色彩不够鲜艳夺目；其次，纸板放在了稍远的位置，不能引起幼儿的注意。所以对于阳阳来说，符号标识没有发挥提示作用。贴有流程图标识的纸板离幼儿比较近，图片的画面色彩鲜艳，内容有趣，贴近幼儿生活，所以能够引起幼儿的注意进而发挥作用。流程图标识提示的效果易受到图片标识的色彩、内容、摆放位置等因素的影响。色彩鲜艳、内容有趣、摆放位置合适的图片标识，提示作用更容易发挥，效果会更好。

第五章 丰富适宜 动态调整

——美工区材料投放

内容简介

美工区材料是美工区活动开展与实施的关键，是幼儿进行艺术表现与创造的重要保障，也是落实教育目标的物质载体。本章围绕“美工区材料投放”展开论述，旨在加深教师对美工区材料投放的理解和认识，帮助教师解决在美工区材料投放中存在的困惑，以更好地支持幼儿在美工区活动中的主动探索和经验建构。

思维导图

- 第五章　丰富适宜　动态调整——美工区材料投放
  - 第一节　美工区材料投放概述
    - 美工区材料的内涵
    - 美工区材料投放的原则
    - 美工区材料投放的注意事项
  - 第二节　美工区材料投放的基本要求
    - 小班美工区材料投放的基本要求
    - 中班美工区材料投放的基本要求
    - 大班美工区材料投放的基本要求
  - 第三节　美工区材料投放的策略
    - 美工区材料投放的一般性策略
    - 美工区材料投放的年龄段策略
  - 第四节　美工区材料投放案例
    - 新材料投放案例
    - 半成品材料投放案例

第一节　美工区材料投放概述

美工区材料是活动材料的重要组成部分。本书中的“美工区材料投放”是指针对学校主题教育、项目活动及幼儿身体发展特点，教师和幼儿一起提供的、所有能支持美工区创作的材料，包括基本材料、辅助材料、自制材料。

本节将对幼儿园美工区材料的概念、种类、特点做简要介绍，以期为美工区材料的投放提供一定的理论指导。

一、美工区材料的内涵

在幼儿园美工区，活动材料是幼儿进行美术学习、探索、创作的媒介与纽带。美工区材料给了幼儿艺术创作与互动的机会，是实现美育意图的物质载体，它本身的特性在一定程度上决定着幼儿可能获得哪些有益经验与艺术发展。教师必须帮助幼儿学习并掌握使用这些材料的方式，使他们能够根据自身的兴趣爱好和想象，用自己的方法进行创作来表现自身的情绪感受。可以说，美工区材料是美工区活动的基石，其教育价值可想而知。

（一）美工区材料的概念

美工区材料是幼儿进行艺术学习与想象的媒介，是表现艺术创作的物质载体。

这里的美工区材料泛指在美工区活动中能引发幼儿进行艺术表现的各物质的总和。

（二）美工区材料的种类

在总结前人研究的基础上，针对幼儿的发展需求和年龄情况，有意识、有目的地将美工活动中各种各样的材料分为基本材料（含工具类材料）、辅助材料、自制材料。美工区基本材料、辅助材料分别如表 5-1、表 5-2 所示，自制材料以苏州市吴江区庙港幼儿园的自制材料为例，其大、中、小班美工区自制材料分别如表 5-3、表 5-4、表 5-5 所示。

表 5-1 美工区基本材料

类 别	材料名称
笔类	铅笔、彩绘笔、马克笔、彩绘粉笔、蜡笔、绘画棒、水彩笔、不同粗细的记号笔、各种型号的毛笔等
纸张类	白纸、卡纸、素描纸、宣纸、棉纸、瓦楞纸、包装纸、吹塑纸、餐巾纸、报纸、牛皮毛、砂纸等
颜料类	蛋彩颜料、丙烯颜料、水彩颜料、水粉颜料、油彩等
刀类	剪刀、压花器等
黏合类	液体胶水、固体胶水、白乳胶、玻璃胶、双面胶等
其他	橡皮、订书机、手工板、橡皮泥、超轻黏土、拓印工具、调色盘、水桶、夹子、图钉、防水围裙等

表 5-2 美工区辅助材料

类 别	材料名称
蔬果类	白菜头、莲蓬、玉米、马铃薯、各类豆子、橘子皮、萝卜等
自然类	树枝、木材、树叶、松塔、各类坚果壳、稻草、竹材、干花、麦穗、皮革、鹅卵石、平面石、沙子、泥土等
布类	T 恤、毛巾、布包等
可回收类	玻璃珠子、管子、陶片、夹子、纱、泡沫、CD、碎纸、纽扣、毛线、塑料瓶、亮片、海绵、化妆刷、绳子等
欣赏类	编织成品、陶器、首饰、画作、明信片、刺绣品、风景照、雕塑等

表 5-3 美工区自制材料（大班）

名称	自制材料图片	使用的材料	自制方法说明	自制材料玩法
自制展示台	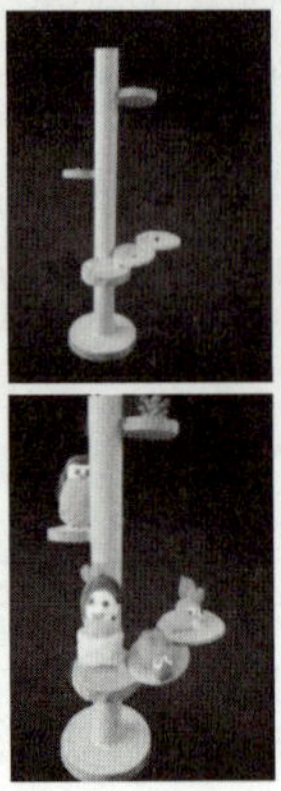	胶枪、木片、纸筒 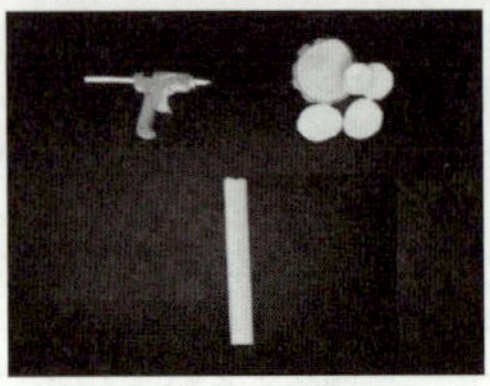	1. 准备一个纸筒 2. 把木片依次用胶枪固定 3. 把木片固定在纸筒上，重复操作，依次变高 4. 把固定好的纸筒和木片固定在底座上	1. 自制展示台是供美工区幼儿展示作品的一个平台 2. 幼儿的超轻黏土作品、手工作品都可以展示在自制展示台上
自制编织器		木块、毛线、胶枪、剪刀 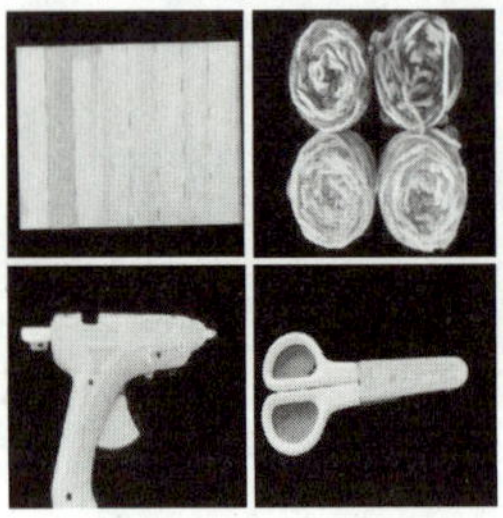	1. 准备一些长度相等的木块 2. 用胶枪把它们固定起来，形成一个木头架子 3. 把毛线固定在木头架子上 4. 用另一段毛线横绕在固定好的毛线上以形成编织的效果	1. 自制编织器适合一两个幼儿进行操作 2. 取一段毛线横绕在固定好的毛线上 3. 一层绕完折返回来继续绕 4. 重复操作，以形成毛线网
自制冰棍棒展示架		冰棍棒、胶枪 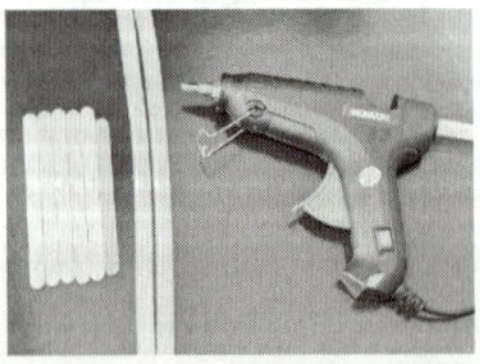	1. 先将三根冰棍棒竖着平放在桌面上，左右两根的上端稍向中间冰棍棒斜靠 2. 取一根冰棍棒横向固定在三根冰棍棒的上方 3. 再取另一根冰棍棒，将侧面横向粘贴在三根冰棍棒的下方 4. 待胶水干透后，再用一根冰棍棒的一端支撑在粘好的冰棍棒后方，用胶枪固定，使其支撑起来	1. 自制冰棍棒展示架可以摆放在美工区的展示区 2. 可以将幼儿的手工、绘画作品放在该展示架上

表 5-4　美工区自制材料（中班）

名称	自制材料图片	使用的材料	自制方法说明	自制材料玩法
绕小鱼	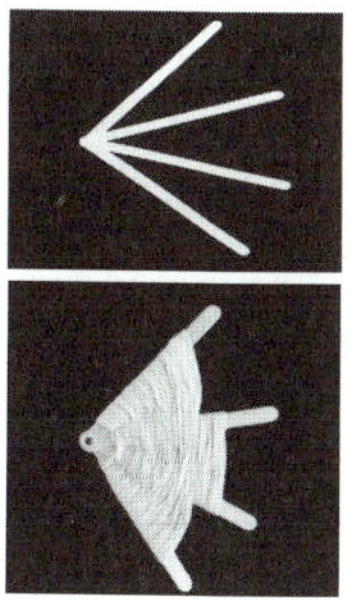	冰棍棒、剪刀、毛线、眼睛 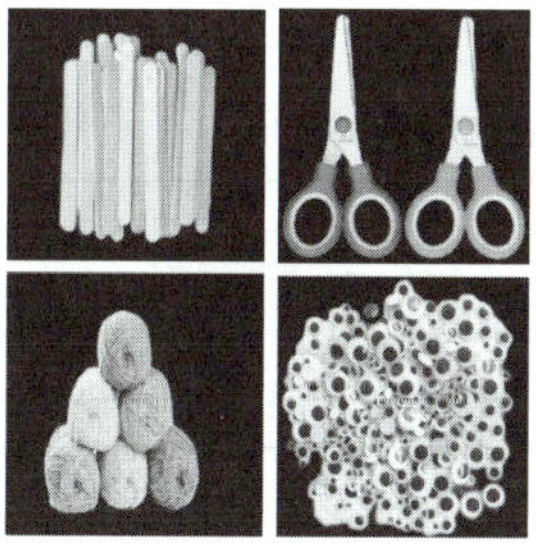	1. 准备四根冰棒棍 2. 将四根冰棒棍按一定的角度错开后粘在一起	1. 将毛线固定在最外侧的冰棍棒上打结 2. 将毛线绕着冰棍棒上下绕线，每隔一根冰棍棒绕上及绕下进行交换 3. 绕至一半时，进行中间两根冰棍棒的交换绕线，使其变成小鱼的尾巴 4. 最后给小鱼贴上眼睛
笔筒	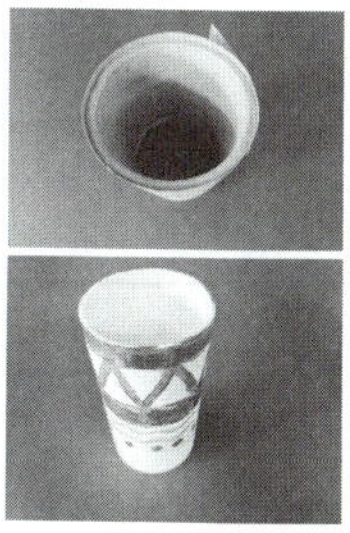	一次性纸杯、毛笔、颜料、调色盘 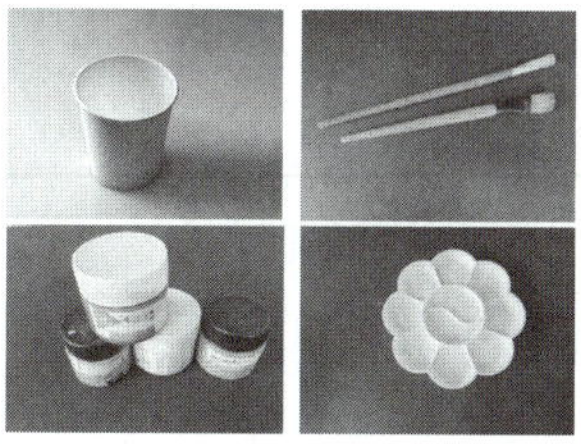	1. 准备一个一次性纸杯 2. 在一次性纸杯外面包上一层可画画的各色纸	将喜欢的颜料放入调色盘中，可以自行调色，用毛笔蘸取少量颜料画在一次性纸杯上。晾干的一次性纸杯可以用来放水粉笔或毛笔
小花瓶	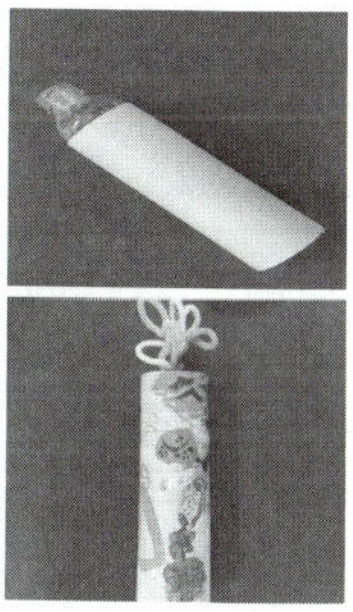	饮料瓶、颜料、剪刀、双面胶、牛皮纸、扭扭棒 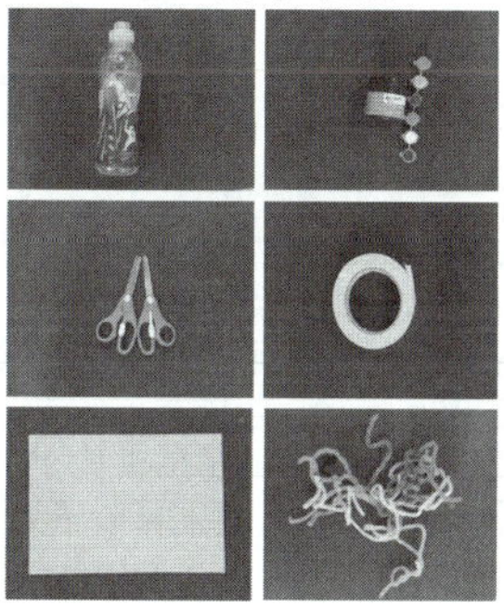	1. 准备一个干净的饮料瓶 2. 将牛皮纸包裹在饮料瓶外面，用双面胶固定牛皮纸	1. 用颜料装饰牛皮纸瓶身，画上自己喜欢的图案、花纹 2. 用扭扭棒制作花朵和花束 3. 将花朵放到装饰后的瓶中，可以自由发挥想象，进行装饰、搭配

表 5-5　美工区自制材料（小班）

名称	自制材料图片	使用的材料	自制方法说明	自制材料玩法
透明花瓶	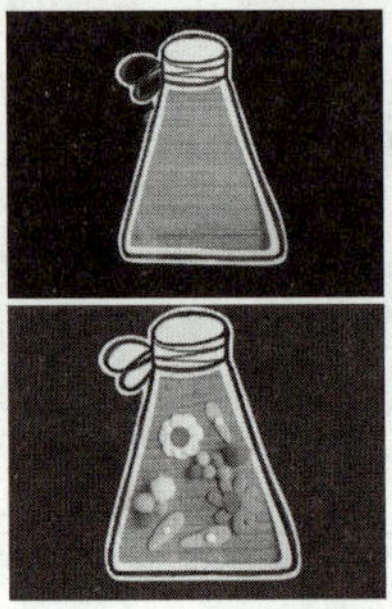	记号笔、白纸、塑封纸、剪刀 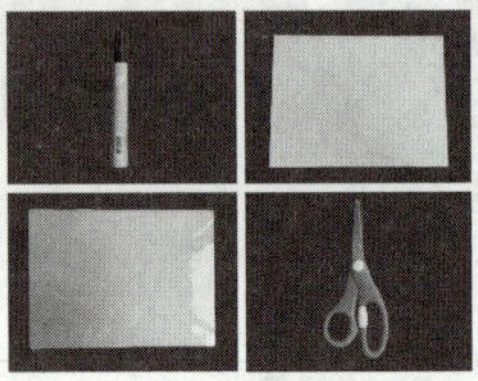	1. 准备一张白纸 2. 用黑色记号笔在白纸上画出花瓶的形状 3. 将“花瓶”沿边缘剪下 4. 用剪刀将“花瓶”的瓶身剪成镂空状 5. 将剪好的“花瓶”放进塑封纸里 6. 塑封完成后再次沿边缘将“花瓶”剪下	1. 可以提供透明花瓶、超轻黏土、毛球等材料 2. 引导幼儿将超轻黏土捏成自己喜欢的图案并贴在花瓶的瓶身上 3. 用彩色毛球进行点缀和装饰（其他装饰都可） 4. 美丽的花瓶装饰完成
我的自画像	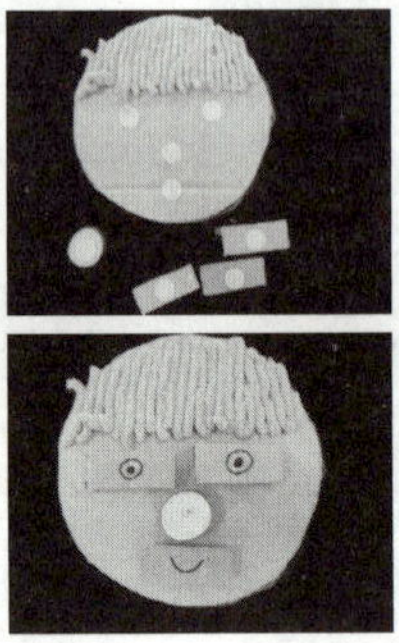	圆形纸板、小长方形纸板、子母贴、双面胶、剪刀、毛线 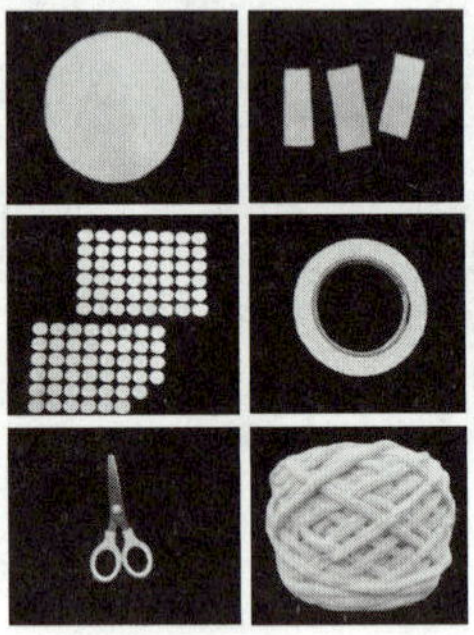	1. 准备圆形纸板和小长方形纸板 2. 用剪刀把毛线剪成长条状 3. 将剪好的毛线贴在自画像的上方作为头发 4. 在小长方形纸板上画出各种各样的表情 5. 在画好的表情和自画像上分别贴上子母贴	1. 可以提供自画像及树片、毛线、纸板等材料 2. 引导幼儿选择喜欢的树片作为自画像的鼻子，贴在自画像上 3. 在纸板上画出眼睛和嘴巴并贴在自画像上 4. 自画像完成
剪头发		双面胶、白纸、剪刀、记号笔、彩纸、塑封纸 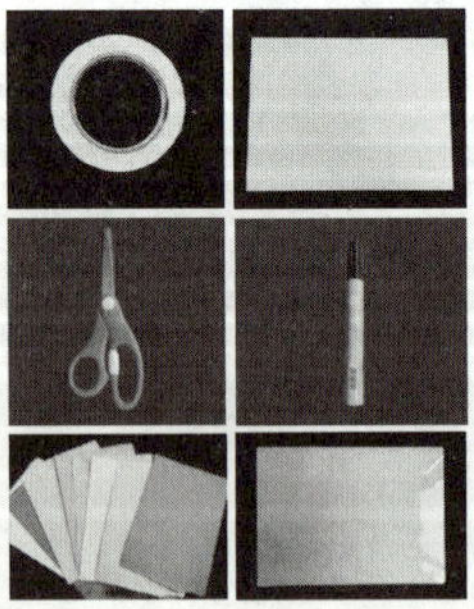	1. 准备一张白纸 2. 用黑色记号笔在白纸上画出头像 3. 将头像沿边缘剪下 4. 准备一些不同颜色的彩纸 5. 将彩纸裁成合适的大小，并用双面胶粘在头像上 6. 在彩纸上用记号笔画出直线、曲线、折线等不同的线条	1. 为幼儿提供剪刀及正确使用剪刀的示意图 2. 引导幼儿用剪刀沿着不同的线条剪出头发 3. 漂亮的发型就完成了 4. 教师可以根据幼儿的能力水平增加难度，如请幼儿自己绘画线条

（三）美工区材料的特点

美工区材料是幼儿艺术创作的主要物质基础，它能够充分调动幼儿创造的积极性，以此促进其艺术创作。本书在实践、反思、整理美工区资料的基础上，总结了美工区材料的以下几个特点：审美性、丰富性、适宜性。

1. 审美性

幼儿园美工区材料相较于其他区域的材料应体现审美性，包括造型美、色彩美、质感美，能让幼儿在体验和操作的过程中主动关注材料本身的审美属性，从而潜移默化地提升幼儿的审美经验。

造型美：美工区的每种材料都有独特的造型，同种材料的造型也各不相同。幼儿可以通过观察、发现材料之间的不同造型美，从而在大脑中产生不同的审美想象，创作出多元的艺术效果。

色彩美：美工区材料的色彩应是丰富的，可根据主题与季节的变换呈现。幼儿在进行创作活动时能用各种颜色去表现与创造美。

质感美：幼儿在美工区中可以利用丰富的材料来表达自己的审美想象，而同一主题用不同材质表现出的视觉体验完全不同，所以美工区应提供多种质感的材料，使幼儿在创作过程中不断感受、尝试各种材质所呈现的艺术效果。

秋天主题作品展示

美丽的树

2. 丰富性

美工区丰富且多元的材料是幼儿感受美和创造美的重要手段。美工区材料无论是在种类还是在数量上都要体现丰富性，鼓励和支持幼儿用多种创造形式和表现方式大胆地表达自己。

以基本材料为基础：在美工区材料中，必不可少的是基本材料，它是美工区活动有效进行的基础。笔类、纸类、颜料类、剪刀、橡皮、胶水、固体胶、订书机、手工板、橡皮泥、超轻黏土、刷子等，这些材料几乎是幼儿园美工区必备的材料，也是幼儿进行创作的基本材料。

美工区基本材料 1

美工区基本材料 2

以辅助材料为引导：大自然和日常生活中有着取之不尽的资源。教师可以在这些资源中选取适宜的、可利用的资源作为美工区活动的材料，如蔬果类、花草树木类、动物资源类、自然环境类、可回收类等。幼儿与自己喜欢的、生活中熟悉的材料发生互动，不仅可以激发探究欲望，还可以激发对周围事物的创作兴趣。利用这些熟悉的材料进行创作，更有利于幼儿在创作过程中主动探索，建构知识，体验成功的乐趣。

美工区辅助材料 1

美工区辅助材料 2

以自制材料为特色：每个幼儿园所处地域不同，拥有的本土资源也不尽相同。自制材料是自己制作的不可统一购买的材料。根据园所的地域特点就地取材，能满足教师教学和幼儿操作的需求，体现教育观念的适时性、地方性、针对性等特点。自制材料有一次性纸杯编织器、自制沙画盘、自制作品架子、自制刺绣器、自制展示台、纸盒围巾编织器、绕线纸板、自制画架等。制作自制材料时可以融入地方特色、活动主题、节能环保等元素，让幼儿在制作、使用的过程中增强环保意识，增强对不同美的认知能力，培养幼儿的动手能力和勤俭节约的品质。

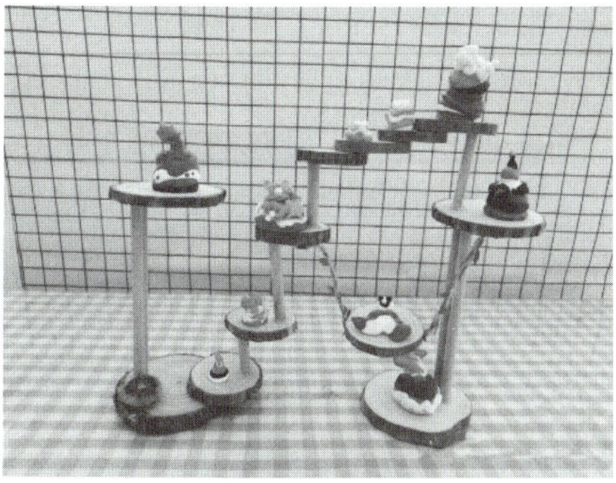

自制木片展示台

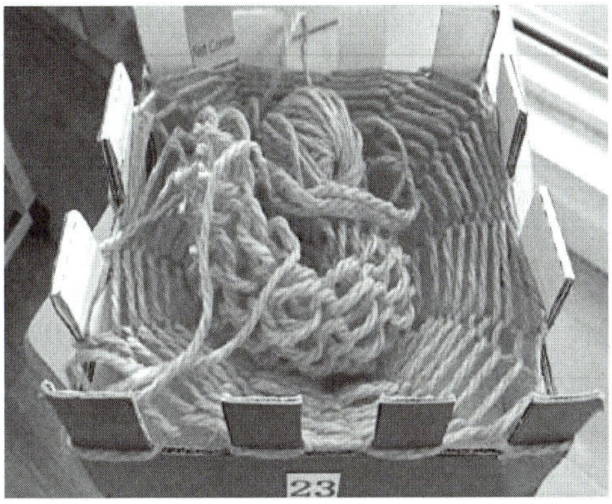

自制编织盒

3. 适宜性

幼儿的年龄特点是影响活动材料使用效果的重要因素。只有明确小、中、大班幼儿的发展特点，才能最大限度地发挥各种材料的利用价值。例如：对小班幼儿在绘画方面的培养更侧重于兴趣的激发，所以在美工区要投放幼儿比较容易抓取的涂鸦材料，材料的颜色要鲜艳。对中班幼儿则更加注重培养其选择和使用辅助材料的能力。中班幼儿在创作时比小班幼儿更具有审美性和目的性，所以中班幼儿的活动材料要更丰富和多元化，从而有效激发中班幼儿的想象力和创造欲。对大班幼儿的培养则更加注重幼儿对辅助材料和自制材料使用的准确性，需要幼儿准确选取合适的材料表达心中所想，需要幼儿在掌握材料性能的基础上，对各种材料进行联结创作，所以大班幼儿的活动材料要更加丰富，要根据大班幼儿的发展水平来提供不同层次类型的材料。

幼儿在各个阶段都有他们特殊的成长特征，所以在美工区中提供的材料也不是一成不变的。教师要针对本阶段、本班幼儿的具体成长状况，寻找适宜他们的“最近发展区”，提供适宜的材料，使得各年龄不同发展层次的幼儿均可获得持续成长。

二、美工区材料投放的原则

材料是幼儿进行美工区活动的物质基础和重要支撑。美工区材料投放的原则即教师提供美工区材料时所要遵循的基本要求。教师要注意遵守以下美工区材料投放的原则，从而真正激发幼儿美术创作的兴趣和积极性，更好地达到美工区活动的目的。

（一）安全性原则

幼儿的生命与健康是幼儿园关注的首要问题。对于幼儿园年龄段的幼儿来说，他们还无法很好地判断事物的危险性，在自我保护方面还需成人的引导和看护。因此，教师在为幼儿提供美工区材料时要把安全性原则置于首位。在材料选择上，教师要尽量避免投放过于细小的材料，若有投放的必要，教师也要严格保管这些材料；要注意所投放的材料不能有尖锐的棱角，以免幼儿在使用时受伤。在活动指导上，教师应在美工区游戏开展前对幼儿进行与安全相关的谈话活动，制定必要的安全规则。此外，幼儿园对于师幼共同收集的自然物品、生活物品等美工区材料及放置材料的班级资源库要加强消毒清洁。教师、保育员和幼儿三方要相互配合，共同参与到这一工作中来，从而多角度、全方位地消除不安全因素，更有效地确保美工区材料的安全性，让幼儿在安全的环境中健康地发展。

（二）目标性原则

教师需要围绕一定的课程目标有计划地投放美工区材料，在投放材料时要明确幼儿的年龄特点及区域活动的目标，有目的地引导幼儿围绕主题进行自主的区域游戏[1]，做到有的放矢，促进幼儿在区域中有效学习。在这个过程中，教师要处理好预设和生成的关系，也就是说区域活动中既要有教师的预设和有目的的指导，又要给予幼儿充分探究的空间。在投放材料时教师要根据区域活动目标对材料进行简单的设计，不限制幼儿的玩法，将教育目标隐含在其中。例如，在“刺绣”的美工区活动中，教师可以先给幼儿提供绣绷和提前绘有图案的布块，引导幼儿沿着图案进行上下的走线，再把目标提高到“能够绣出自己想要的图案”，提供空白布和记号笔，引导幼儿自己绘制图案，在对不同难易程度图案进行刺绣的过程中逐步掌握刺绣的基本方法。

幼儿刺绣 1

幼儿刺绣 2

（三）层次性原则

材料的层次性要求教师在投放材料时兼顾不同幼儿不同的发展水平、个体差异

[1] 李春芳．幼儿园区域活动中材料投放策略研究［J］．兰州教育学院学报，2018，34（5）：173-174．

及材料操作时不同的难易程度，要按照从浅到深、从简单到复杂的原则有层次地进行投放，使每一名幼儿都能与材料进行有效互动且在原有基础上获得有益经验。教师需要注意的是材料投放的层次性包括纵向的层次性和横向的层次性。纵向的层次性体现在同一区域的不同内容及同一内容的不同难度上。以后者举例，同为美工区的“扎染”创作，在小班阶段，教师往往提供“餐巾纸”以使幼儿了解基本的扎染步骤和方法；在中班阶段，教师会逐步增加“布”等多样化的扎染材料；到了大班阶段，教师不仅会提供扎染的材料，还会在染料方面提供各种植物的叶子等，引导幼儿进行植物扎染的制作等。横向的层次性体现在教师根据同一年龄段中不同幼儿的不同水平和需求对美工区材料进行的减少、添加和组合。[1] 教师在这个过程中对材料进行动态调整和替换。

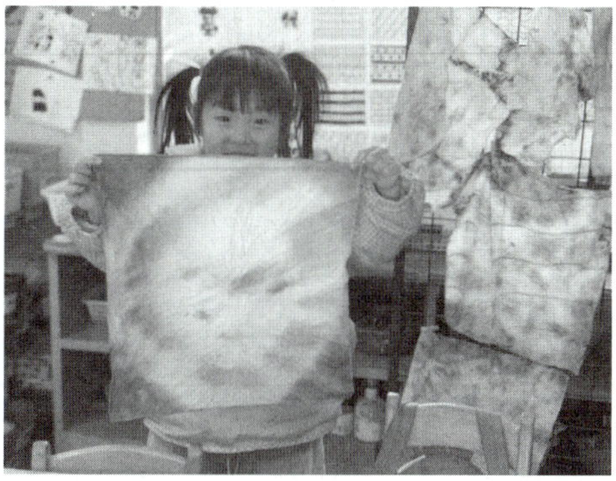

手帕扎染

（四）趣味性原则

幼儿的兴趣度是决定其与材料互动有效与否的重要因素，而材料的趣味性强弱又是决定幼儿是否感兴趣的关键因素，这说明趣味性也是教师在投放美工区材料时需要遵循的一个重要原则。首先，在材料的外观上，教师应尽可能提供色彩艳丽、形状多样的材料，以此让幼儿自发地对材料产生兴趣。对于收集来的材料，教师应尽可能地用童趣化的方式对其进行适当改造。其次，材料的趣味性还应体现在多样的操作模式上，避免使用单一的方法，否则对幼儿来说也会很快失去神秘感和挑战性。此外，教师还要赋予材料情感。所谓“赋予情感”，就是通过创设贴近幼儿生活和经验的情境来让幼儿认识和熟悉材料，以积极情绪推动其认知学习的发展，使其乐意在区域中进行探索，在愉悦的状态下主动学习。

（五）适时适量原则

从材料的量来说，如果美工区中的材料经常处于供不应求的状态，那就容易引起幼儿对材料的争抢，尤其是小班幼儿往往以自我为中心，行为控制能力较弱，更易出现这种情况。相反，如果材料投放的数量和种类过多，幼儿的注意力会被眼花缭乱的材料分散，导致幼儿不能专注且持续地对美工区材料进行探究，不跟别人合作，这也不利于其社会交往和合作能力的发展。从材料的投放时机来说，教师要考虑季节特征、课程主题、预设的经验目标、幼儿需要及操作难度等，适时投放材料。

[1] 刘秀艳，王晓亚．论幼儿园活动区域材料投放原则［J］．牡丹江教育学院学报，2013（3）：75-76.

比如，在主题“丰收的季节”中，幼儿对用稻草编织非常感兴趣，于是教师在美工区投放了大量的稻草及编织的步骤图。由于投放的数量过多且活动前没有足够的经验铺垫，虽然每个幼儿都拿了很多稻草却没有探究出编织的方法，显然这样的材料投放就不符合适时适量的原则。

编稻草帘

稻草贴画

（六）开放性原则

材料的“开放性”是与“封闭性”相对而言的，它意味着材料有多种组合的可能。在摆弄开放性材料时，幼儿能进行想象、改造和多样化的操作，没有一套具体的操作流程，没有什么可以提前预见的结果，因此幼儿在操作时不会被思维和玩法束缚，游戏也就拥有了无限的可能性。开放的游戏材料往往来源于自然和生活，方便幼儿和家长进行收集，并且能够循环使用，因此具有突出的实用价值和探究价值。当然，开放性的材料与开放的心理环境也是密不可分的。教师在区域中要与幼儿保持平等、和谐的关系，对其探索给予充分的支持，让幼儿与开放性材料进行有效互动，从而进行有意义的学习。比如，在美工区，教师投放石块、松果、木头这类自然材料后，幼儿充分发挥想象力和创造力，进行拼搭、染色、彩绘等多种美工活动。这样的材料投放就符合开放性原则。

拼搭美丽的春天

拼搭动物

三、美工区材料投放的注意事项

材料是区域活动顺利开展的基础，区域活动的教育功能主要是通过幼儿操作活动材料实现的。因此，教师在投放美工区材料时必须注意以下事项才能为幼儿的艺术表现与创造提供有效支撑，真正使美工区活动成为促进幼儿经验建构和主动发展的桥梁。

（一）关注材料与课程的融合与渗透

区域活动是主题课程的延伸和补充，区域材料是课程资源的重要组成部分，因此教师在投放美工区材料时要关注材料与课程的融合与渗透。首先，要明确通过主题活动达成什么目标，在此基础上审议这些目标可以在哪些活动中实现。比如，大班“新年到”主题活动的目标是让幼儿了解过新年的习俗，感受过新年的快乐。教师在美工区就可以投放气泡纸、超轻黏土等材料，引导幼儿进行创意年画的创作。其次，对于同一个主题活动目标，区域材料的投放形式可以多种多样。此外，区域活动也可以为主题教学做准备。教师在开展主题课程前可以把相关的材料先投放到区域中，引导幼儿通过区域探究获得主题活动的前期经验。比如，在进行“蒙德里安三原色”主题活动前，教师可以提前在美工区提供 PVC（聚氯乙烯）纸、颜料、粘贴纸等，引导幼儿在对材料的主动探究中丰富和掌握有关的经验和技能。

装饰纸伞

（二）关注材料的更新与变化

在投放美工区材料时，教师要经常观察幼儿使用材料的情况，并根据观察到的幼儿兴趣、能力及主题的变化对材料进行更换和调整，使材料始终跟随幼儿的已有经验和新经验不断变化。只有这样，幼儿在美工区中才能不断获得新经验和技能，并保持对区域和材料的新鲜感和创作热情。以美工区来说，绘画、折纸、剪纸、泥工等活动所用材料属于易耗品。教师在每次美工区活动结束后或开始前都要检查，再考虑是否要补充新的材料。有的材料可以随主题变化而调整，一个主题的周期一般是 2—6 周；有的材料不需要改变，教师可以和幼儿一起讨论，寻找更多更好的玩法。对于替换下来的部分材料，教师可以和幼儿一起把材料拆开，看看是否有重新组合、形成新材料的可能性，也可以与平行班级交换区域材料。

（三）关注材料的比例与组成

教师要根据幼儿的需求投放不同类型的材料，充分发挥不同类型材料的功能和价值，还要注意低结构材料和高结构材料的投放比例。这个比例要综合考虑幼儿年龄特点及使用情况等。比如，大班幼儿的抽象逻辑思维已经开始萌发，他们往往需要更多的低结构材料，以充分探索材料的玩法，对其加以改造利用。在这个阶段，教师就要给予他们更多的想象空间和创造力表现的空间。而小班的幼儿往往还以模仿为主，思维也处于直觉行动阶段，因此教师可以多投放一些指向性比较强、蕴含已建构好的知识体系、隐含游戏规则的材料。比如，在美工区投放各类纸盒，如牛奶盒、快递盒、礼品盒等，幼儿既可以将其作为装饰性材料，用来堆砌作品展示台，也可以用其制作相框、纸皮小人，玩纸盒涂鸦游戏等。教师只有站在幼儿的视角了解他们对于游戏材料的需要，才能更好地优化材料的结构与比例，提升美工游戏的质量。

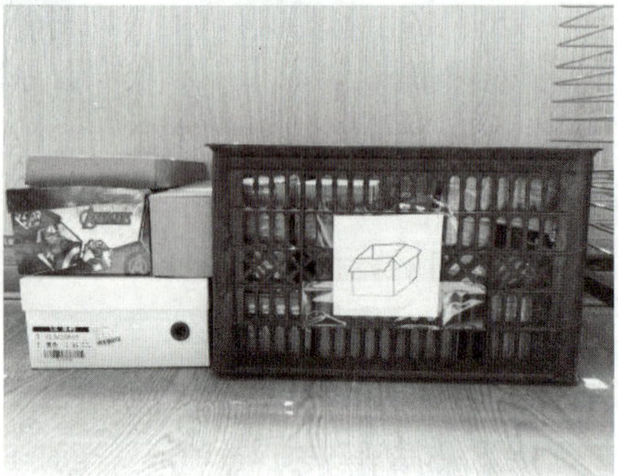

纸盒收集处

纸盒涂鸦

（四）关注材料的来源与收集

在收集美工区材料的过程中，教师可以通过 QQ 群、企业微信等方式发起通知，激发家长的参与热情。教师可以以班级为单位建立一个专属区域“我来投宝啦”，引导幼儿全程参与材料的调查、收集和管理，以此激发幼儿的积极性。家长和教师都应意识到收集材料的过程也是幼儿学习的过程，尽可能协助幼儿一起寻找和收集各类材料。需要注意的是，材料的收集既可以是教师发起的，也可以是幼儿或家长发起的。教师可以通过及时分享幼儿的作品和创意的玩法来激发家长参与收集材料的积极性。除了收集比较常见的易拉罐、瓶盖、纸盒等生活材料之外，还要注重收集一些富有地方特色的材料，如螃蟹壳、毛纱筒、竹子等。比如，美工区正在进行以“编织”为主题的活动。教师投放了毛线、一次性筷子等材料，而幼儿和家长共同收集了大量毛线及木条、木棒。通过材料的组合，幼儿利用木棒做成了简易的编织器，美工区活动的材料和形式也逐渐丰富起来。

材料收集处

编织围巾

第二节　美工区材料投放的基本要求

关于材料的投放，教师要从幼儿的关键经验和“最近发展区”出发，分析幼儿使用材料的频率和持续时间，充分发挥区域材料隐性的教育功能。笔者根据不同年龄阶段的幼儿在美工区的不同游戏水平，分别提出以下材料投放的基本要求。

一、小班美工区材料投放的基本要求

（一）基本材料投放要求

小班幼儿的小肌肉动作尚未发育完全，手部动作控制能力不强，他们在使用美工材料时往往还不能很好地掌握使用方法和技巧，这就要求教师尽量投放操作简单、功能明确的基本材料。具体来说，在绘画活动方面，教师可以提供油画棒、蜡笔、水彩笔、软笔、棉签棒、海绵拓印棒等，重点引导幼儿掌握正确的握笔方法和作画姿势。在泥工活动方面，教师可以提供陶泥、超轻黏土、橡皮泥，让小班幼儿通过自己的实际操作了解泥的特性，如柔软、可塑等，提升幼儿的感知觉。在纸工活动方面，教师可以提供一些不同颜色和质地的纸，让幼儿在看、摸、闻、撕的过程中，感受各种纸的质地和形状，并初步撕出一些简单的形状。[1] 对于小班幼儿来说，他们主要是认识和了解材料的特性，并通过实际的操作进行简单的艺术表现。例如，

[1] 张斌．浅谈纸工活动与培养幼儿创造力［J］．科学大众（科学教育），2014（5）：117.

在小班主题活动“我真棒”中，教师给幼儿提供了印有各种虚线的纸张及记号笔等基本材料。幼儿在沿着虚线进行描画的过程中可以探究和学习不同线条的画法，如直线、曲线、折线等，而虚线描画的纸张对于小班幼儿来说是简单易操作的基本材料之一。

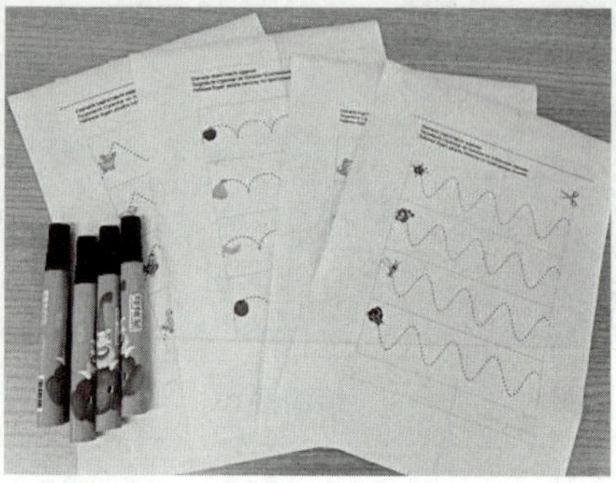

描画材料

幼儿剪线练习

（二）辅助材料投放要求

小班幼儿自我保护的意识较弱，教师在投放辅助材料时应尽可能避免细小、零碎的材料，尽可能多地投放牛奶盒子、箱子、干净的瓶子、布等材料，而一些点状的辅助材料，如纽扣、五谷、砂石、彩珠、螺丝、螺帽等，由于体积较小且过于零碎，教师要慎重投放。此外，教师可以和幼儿及家长一起挖掘生活和大自然中丰富的物质资源，如生活中常见的蛋糕盘、草帽、蒲扇、纸杯，大自然中的野草、豆子、树叶、树枝等。另外，从辅助材料投放量来看，小班幼儿处于平行游戏的阶段，因此教师在投放每一种辅助材料时都要保证数量的充足，以满足小班幼儿平行游戏的需求，避免出现争抢材料的现象。例如，在小班主题活动“冬天到”中，教师在美工区中除了投放纸张、剪刀、画笔等基本材料外，还投放了足量的棉花、盒子这些辅助材料。幼儿使用颜料将纸盒进行涂刷，又用双面胶把棉花粘在盒子的上方，并向同伴介绍自己制作的是“雪房子”。这就是一次有效的辅助材料的投放。

“冬天到”辅助材料 1

“冬天到”辅助材料 2

制作“雪房子”

（三）自制材料投放要求

自制的美工区材料具有趣味性强、形象可爱、容易保存、方便取用等特点，更符合小班幼儿的年龄特征。教师在小班美工区投放罐头瓶材料时可以将奶粉罐做成罐头娃娃，贴上毛线，引导幼儿进行编辫子的手工活动。在投放瓶子时可以将用完的喷雾瓶制作成美工彩喷瓶。此外，小班幼儿有很强的展示欲望，希望自己的作品被展示和肯定。教师也可以通过自制的方式为幼儿提供展示台或展示架等材料。例如，在小班主题活动“可爱的动物”中，教师发现小班幼儿对手指点画感兴趣，于是对颜料盒进行改造，先把海绵放入合适的盒子，再倒入稀释的颜料，由此制作成了“印泥盒”，又用木片和纸筒制作成展示台投放在美工区中。幼儿利用这些自制材料自主进行了“小动物手指点画”的活动，把作品晾干后，用自己喜欢的方式布置在了教师提供的展示架上。

编辫子

点画材料

手指点画

二、中班美工区材料投放的基本要求

（一）基本材料投放要求

中班幼儿的肌肉发育处于较为快速的阶段。相较于小班幼儿来说，中班幼儿能够更好地控制手部肌肉，有意识地控制笔的走向，能够完成一些比较精细的动作。[1] 他们除了在动作的灵活度和控制能力方面明显增强之外，在美工区活动方面的持久性也呈明显增强的趋势，因此教师在中班美工区应投放更多操作性强的材料以供幼儿进行创作。具体来说，在绘画活动方面，教师可以提供白纸、宣纸、卡纸、刮画纸、毛笔、粉笔、水粉笔、水溶性颜料等基本材料，重点引导幼儿清晰地勾画轮廓线、小面积涂色等。在泥工活动方面，教师可以提供超轻黏土、彩泥、陶泥、泥工垫板、钝刀等基本材料，引导中班幼儿用已经掌握的捏、挖、嵌接等泥工技巧表现出简单的情节。在纸工活动方面，教师除了提供各种纸张外，还可以给幼儿提供剪刀、胶水、胶棒等基本材料。在这个过程中教师要充分考虑中班幼儿折纸、剪

[1] 汤素娟．中班美工区域游戏材料的有效投放［J］．新课程（综合版），2019（10）：116-117.

纸、撕纸、粘贴等各方面技能的发展，既满足幼儿的各种需要，又增加活动的可操作性。例如，在中班主题活动“中秋月儿圆”中，教师给幼儿提供了黏土、彩纸、中秋月圆的风景画等材料，幼儿可以自由选择这些材料制作月亮的泥塑、创作剪贴画及赏月风景画。在这个过程中幼儿能够学习运用不同的材料制作作品，塑造作品的主要形象。

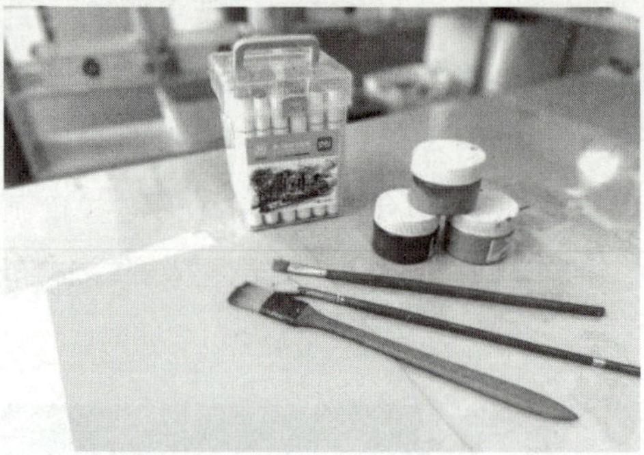

月亮主题材料

月亮剪贴画

（二）辅助材料投放要求

在美工区中辅助材料的丰富与否直接影响着幼儿美工游戏的质量高低。一般来说，基本材料与辅助材料被组合和搭配时能更好地激发幼儿的创造潜能，引导其产生新的创作行为。因此，教师在投放美工材料时需要保证材料种类的多样性，适时投放与其年龄特点、兴趣爱好及课程主题相匹配的辅助材料。对于中班幼儿来说，教师可以在美工区投放棉签、小滚筒、海绵块、小滴管、刷子、小水桶、打孔机等辅助材料。在废旧材料方面，瓶子、瓶盖、鞋盒、吸管、纸袋、毛线、挂历、线绳、碎布头、奶粉罐也是常见的易收集的辅助材料。在自然物方面，教师可以和幼儿一起捡拾树叶、小石头、小树枝、花朵、果壳、豆类、种子等。这些幼儿熟悉且贴近生活的自然材料不仅种类多样，而且很多都富有地方特色，将其作为辅助材料更易激发幼儿的审美感受和审美经验，促进其积极、多元地发展。另外，中班幼儿观察的稳定性较小班幼儿有了明显提升，他们在创作美工作品时往往能很好地表现出物体的细节。因此，辅助材料功能的精细化也是教师需要关注的一个问题。例如，在中班主题活动“我找到了春天”中，教师给幼儿提供了打孔机、小滴管、流苏、花朵等辅助材料。幼儿通过晒、压、贴的方式将花朵制作成干花书签，又利用打孔机给书签打孔、装流苏。他们使用辅助材料对书签的细节进行了一系列处理。

书签制作材料

干花书签制作

（三）自制材料投放要求

中班幼儿的操作和探究能力比起小班幼儿明显增强。相关研究表明，他们在区域游戏中更愿意选择半成品、低结构材料进行创作和表现。因此，教师在中班美工区投放自制材料是必要的。在投放过程中，教师可以通过设置“百宝箱”的方式来对可改造的材料进行收集和归类。另外，对于什么样的材料可以再改造和利用的这个问题，教师可以引导幼儿一同参与讨论和商议。通常来说，首先，教师可以有计划地投放一些自制材料，保证自制材料层次的多样性和丰富性，以便幼儿在美工创作中对其进行组合使用。其次，教师可以在观察幼儿自制材料使用情况的过程中不断对材料进行调整，逐步引导幼儿主动参与制作。比如，在中班“扎染”主题系列美工活动中，教师以植物的根、茎、叶等为材料，将其剪碎、加水研磨，析出汁水，制作成幼儿可以在美工区直接使用的天然染料，并投放在美工区。幼儿因此在扎染操作中有了更多的色彩组合和创意，他们对此兴趣高涨。于是教师又在美工区投放了自制染料的步骤图。幼儿可以根据自身需要在步骤图的提示下进行天然染料的制作。这样的自制材料不规定和不限制幼儿的玩法，因而给了幼儿更多自由发挥想象的空间，幼儿也由此获得了更多新的且有益的美工经验。

扎染作品展示

幼儿扎染活动

三、大班美工区材料投放的基本要求

（一）基本材料投放要求

大班幼儿的生活经验不断丰富，动手能力、创造能力、合作能力明显增强。其中，动手能力的增强主要体现在手部小肌肉动作的发展上，他们表现出强烈的艺术创作的想法和较为熟练的操作技能。创造能力的增强主要体现在观察水平的发展上，他们从观察事物的表象到观察事物的细节部分，能够把观察所得形成经验并充分表现在艺术创作之中。因此，教师在投放大班美工区基本材料与工具时要多投放一些相对新颖和开放的材料。具体来说，在绘画活动方面，除了传统的素描纸、彩纸、硬卡纸、皱纹纸外，教师还可以提供刮蜡纸、亚克力板等，提供的作画工具除了油画棒、彩色笔外，还有荧光笔、炫彩棒、色粉笔、玻璃绘画棒等，引导幼儿根据生活印象和体验绘制简单的情节画或连环画。[1] 在泥工活动方面，除了陶泥、超轻黏土等材料，教师还可以投放紫砂泥、纸泥等；在表现工具上，可适当增加科技感，如在大班美工区投放沙台画等，引导幼儿塑造人、动物的主要特征和动作，在泥塑中融入故事情节。在纸工活动方面，教师需要提供大小、形状、软硬程度不一的纸张，引导幼儿利用菱形折、组合折、卷曲折等多样的技能进行独立、合作或者小组形式的折纸活动。[2] 例如，教师在大班美工区投放了胶片纸、沙画台等材料，幼儿利用皮影戏的经验在胶片纸上绘画、剪贴，制作成了各种皮影戏的形象，并在沙画和皮影戏之间探究影子与光、被照物体之间的关系。

幼儿泥塑活动

光影放映室

（二）辅助材料投放要求

大班幼儿的小肌肉动作灵活，他们不仅能够熟练使用工具，而且非常热爱进行

［1］ 黄晨敏．大班美工区材料投放策略的实践与探索［J］．福建基础教育研究，2019（6）：130-132.

［2］ 刘忠娟．大班幼儿折纸活动的支持策略［J］．早期教育，2021（24）：8.

美工等这类精细活动，已经达到了相对于中班小班而言更加成熟的美工水平，因此在大班美工区辅助材料的投放上教师应该更加注重多元性和组合性，可以打破传统的、模式化的投放方式，尝试将不同类型的辅助材料进行混搭和组合，以此来引导幼儿认识和发现不同辅助材料之间的关系，学会利用辅助材料表现物体的各种特点，刻画、装饰自己的美术作品，同时尝试借助辅助材料将作品的故事性和生活性表现得更加完善。有效的辅助材料投放可以改变幼儿单一简单的创作思路和思维模式，激发他们的创作灵感。例如，在大班以“水墨”为主题的美工活动中，教师一开始依次单独投放了棉签、海绵块、树叶等辅助材料。在活动中教师发现幼儿使用辅助材料的方式比较单一，于是调整为棉签与刷子、小滚筒与树叶、海绵块与瓶盖的混搭投放。幼儿在混合使用的过程中对材料表现出极大的探究兴趣，他们充分运用这些组合式的辅助材料对宣纸、纸伞、纸扇等进行晕染、拓印、平刷和滚涂，在自由的状态下创作出多样的水墨作品。

水墨吹画

（三）自制材料投放要求

到了大班，幼儿各方面的动作技能、审美能力、创新能力都已经发展到了新的阶段和水平。一些自制材料具有玩法的多样性和功能的复合性等特点，更能满足大班幼儿创作的需求。这时教师需要注意的是，自制材料在幼儿不同的年龄段对应不同的学习目标。大班美工区材料应以非结构和低结构为主，其中自制材料的投放应采用师幼共同参与的方式，同时加入废旧材料的改造和加工。废旧材料的种类越多，自制材料的选择就有更多可能性。此外，自制材料的投放不是简单地一次性投放，而应该是一个持续跟进的过程。对于大班幼儿来说，他们常常改变自己的游戏计划和预设，这时就需要对材料进行二次加工和完善。例如，在大班主题活动“金色的秋天”中，幼儿提出“沙画”的创作想法，他们和教师一起收集了鞋盒、灯条、过胶纸等材料，把灯条粘到盒盖内侧周边，在盒子中间抠出长方形并固定上过胶纸，就制作出了一个沙画盘。教师将自制的沙画盘投放到美工区后，幼儿自主创作和探究，习得了拨沙、抹沙、撒沙、拍沙、推沙等沙画技能。但几次下来，他们不再满足于单人玩沙，有了新的合作沙画的需求，于是教师及时对自制沙盘进行二次改造，扩大了沙盘面积，使其能够满足幼儿进行合作游戏的需求。这一自制材料制作与投放的过程有效地提高了幼儿的美术经验和素养，推动了幼儿在美工区活动过程中学习收益的最大化。

自制沙画盘

沙画游戏

第三节 美工区材料投放的策略

美工区材料是幼儿进行艺术创作的物质基础，也是促进幼儿美工技能发展的关键因素。美工区材料的有效投放与否直接影响美工区活动的整体效果好坏，因此“如何有效投放美工区材料”是值得探讨的一个问题。

一、美工区材料投放的一般性策略

（一）材料投放应动态更替、因势而变，给予幼儿充分的探索空间

幼儿的发展是动态的，幼儿教育的内容是因时、因地、因材而变化的，因此教师必须意识到美工区的材料并不是一成不变的，要及时根据主题活动、节日节气、本土特色文化、季节时令等因素阶段性地调整材料的种类、数量，既能将教育内容映射到区域活动中，拓展、深化幼儿的相关经验，又能使幼儿保持对美工区活动的新鲜感，激发其艺术创作的热情。当主题发生改变时，调整材料的过程也不是一步到位、全盘改变的，应该是连续、渐进的，要给幼儿适应、探索新材料的时间。

（二）材料投放应卫生安全、经济环保，培养幼儿文明的使用习惯

《纲要》中指出，幼儿园必须把保护幼儿的生命和促进幼儿的健康放在工作首位。材料是幼儿进行艺术活动必需的载体，其使用频率高，操作时间长，因此必须

保证其无毒、无害、安全、卫生。辅助材料中部分是回收的废旧物品，在投放前必须进行适当清洗，检查有无安全隐患。自然材料随处可见，但部分植物、花朵可能是有毒的、有刺的，教师须精心筛选。基本材料中如胶水、彩色纸、蜡笔等大部分属于易耗品，教师在投放时应提醒幼儿按需取用，尽量避免浪费。

（三）材料投放应丰富多样、合理配比，注重幼儿发展的适宜性

幼儿的发展存在个体差异性，每个幼儿对操作材料需求不同，数量多、品种齐全的材料能给予幼儿更多的选择空间。学者杨婷婷认为，投放美工区的材料时要注意幼儿的年龄特点和能力差异，不同年龄段的幼儿有各自发展目标和兴趣需要，教师应该根据儿童的发展能力提供多层次的材料以适应不同的儿童。[1]

除此之外，教师所投放的材料本身还应该有纵向的层次性，体现在投放材料的过程应该是由简单到复杂，由高结构材料过渡到低结构材料。高结构材料的呈现往往带有指向性、局限性，材料的功能、玩法较为单一。例如，美工区的半成品作品，幼儿在操作时有明确的创作目标。低结构材料往往玩法多样，有不确定的功能，可塑性较强，幼儿在操作时可根据想象随意创作，创作的目标具有生成性。学者刘焱的实验研究表明，幼儿的游戏主题及智力发展受不同结构化游戏材料的影响。[2] 低结构材料需要幼儿用自身的建构意识来进行搭建，在游戏过程中，幼儿需要有一定的建构意图，所以这类游戏有较高的智力发展价值，幼儿的注意力能长时间集中于游戏过程中。教师要根据幼儿的发展水平保证合理化的低结构、高结构材料配比，让幼儿既能有自由创作、发挥想象力的空间，又能有创作灵感的来源。

（四）材料来源应多元化、本土化、生活化，发挥幼儿收集材料的主动性

现阶段，美工区的材料大多是由园内教师统一采购、分发，或来自家长、社区的可回收利用的物质资源，幼儿很少参与材料的实际收集过程。但对幼儿来说，材料的挑择与收集不仅是一段充满趣味的探索旅程，更是一次唤醒好奇心、孕育成就感的成长体验。这不仅能丰富幼儿对材料种类的认知经验，材料本身蕴含的深浅不一的颜色、复杂的纹路、多样的质感、奇特的气味等审美特性也能为幼儿提供创作灵感，丰富幼儿的审美经验。幼儿主动参与收集材料的过程能够大大提高他们在后

[1] 杨婷婷. 幼儿园美术区域活动材料有效投放 [J]. 当代学前教育，2013 (4)：34-35.

[2] 刘焱. 幼儿园自制玩教具活动的意义、指导思想和评价标准 [J]. 学前教育研究，2007 (9)：24-30.

续艺术活动中使用新材料的积极性，在创作时幼儿会产生更多创造性的联想，这也大大提高了新材料投放的有效性。

（五）投放方式应目的明确、有所预期，提高幼儿材料运用的创新力

教师在投放材料前应该有明确的投放目的，有预设的投放效果，预估新材料可能发生的美工活动及出现的问题，根据不同的投放目的确定投放时机。例如，对于小班幼儿来说，他们还不具备自主探究新材料的能力。在活动开展前，教师应先介绍新材料，引导幼儿了解新材料的使用方法。而对于中、大班的幼儿来说，教师可以根据实际情况先投放材料，在游戏的总结环节回顾、反思材料的使用情况。新材料的投放位置也要根据本班幼儿的习惯进行调整，如可将新、旧材料分为两部分放置，通过材料摆放的位置吸引幼儿对新材料的关注，也可根据新材料的种类放在与它同种类的旧材料旁，引导幼儿进行同类型材料置换使用的思考。

总之，投放时机应根据实际情况进行调整。新材料的摆放方式并不是单一的。教师应该多思考，多反思，关注材料之间的不同组合、联结，选择能够最大限度增强幼儿创造力、培养幼儿艺术品质的投放方式。

二、美工区材料投放的年龄段策略

幼儿的生长发展存在一定的阶段性。各个年龄段幼儿所呈现的发展水平各不相同，即使处于同一年龄段的幼儿，在对事物的认识、操作、能力水平等方面也会显示出一定的差异，因此材料投放既要符合幼儿的现有水平，又要对幼儿今后能力的发展有所助益。这就需要教师根据各个年龄段幼儿的发展特点来思考操作材料的有效投放问题。针对各年龄段幼儿不同的活动需求，笔者提出以下策略。

（一）小班美工区材料投放的策略

1. 侧重趣味性，激发自发性创作欲望

小班幼儿由于年龄小及操作水平有限，他们在美术创作的表现形式上更多的是以涂鸦及粘贴的形式来表现。因此，美工区通常会提供一些操作方便的材料，如各种彩笔、颜料、胶棒等。在美工区活动中，教师在投放材料时要充分考虑幼儿的兴趣和需要，一些颜色鲜艳、质感特殊的材料更容易吸引小班幼儿的兴趣，激发他们的美术创作欲望，如各种颜色的毛绒小球、魔法玉米粒、扭扭棒、棉花等。之所以投放这类材料，一方面因其柔软便于拿取，操作过程较安全；另一方面因其能较好地吸引幼儿的注意力，有利于幼儿进行趣味创作。

在“小羊的新衣”活动中，幼儿对表现羊毛的质感感兴趣，在选择材料时，他

们会根据自己的喜好选择不同的材料，会用棉花、彩色毛绒球或者魔法玉米粒进行粘贴，呈现出不同的小羊。

2. 基于平行性，同种类材料数量充足

3—4 岁的小班幼儿，模仿是其最大的游戏特点，他们在游戏中喜欢与同伴进行同种或相似的活动，彼此相互模仿，并无支配他人的意愿。同时，这一阶段幼儿的注意力和兴趣具有不稳定性。过多的材料虽能吸引他们，但也极易让他们分心。尤其是五颜六色的材料容易使幼儿不能专注于材料的内在价值。因此，投放的材料不在于多而在于精，提供材料时并不是种类越多越好，而是同一类型的操作材料数量要充足，能够满足幼儿同时使用的需求。

在进行粘贴类活动时，不同图案的图卡底板可以多提供一些，用于粘贴画面的材料也可多提供一些种类，而其他不适用于此类活动的材料可少量提供。

（二）中班美工区材料投放的策略

1. 半成品为主，满足多样化创作需求

中班的幼儿与小班的幼儿相比，各方面能力水平有了进一步的提升，他们在艺术表现形式上不再局限于简单的画面展示，而是能够进行一些新的操作体验。在这个阶段，材料的投放可以有新的改变，根据幼儿的创作需求投放不同的半成品材料。那么半成品材料指哪些呢？半成品材料是指结构程度相对较低，经过简单的加工处理后的活动材料，幼儿可以在此基础上进行再变化、再塑造。

在讲课程故事《毛线那些事儿》时，幼儿对毛线的编织产生兴趣。教师事先用胶枪将雪糕棒、一次性筷子等材料粘贴成适合编织缠绕的半成品，以便幼儿自由选取进行毛线的编织活动。在春游活动“纸鸢设计”中，教师也可以提前放入编织好的竹条，方便幼儿后续的选择粘贴及下一步的操作。

2. 关注可变性，打开丰富的想象空间

中班幼儿动作的技能技巧都得到了一定程度的发展，并且有能力进一步运用辅助性材料来装饰自己的美工作品。因此，在美工区投放辅助材料时要注意可变性，要注意思考同种材料的多种用法，为幼儿带来想象的空间。同种材料在不同的活动中能发挥不同的作用，这就能给予幼儿一定的创作机会。例如，投放到美工区的一次性纸盘，有的幼儿在纸盘上使用颜料进行绘画，有的幼儿在纸盘上打小孔，用毛线穿孔制成捕梦网，有的幼儿则用蛋糕托折叠排列在纸盘上做成小鱼。再如，投放到美工区的各类树叶，有的幼儿用树叶及牙刷制成叶脉书签，有的幼儿用树叶做树叶拼贴画，有的幼儿则用树叶及树枝的组合制成树叶王冠等。

（三）大班美工区材料投放的策略

1. 注重开放性，推动持续性深度探究

幼儿升入大班之后，需要的材料种类就更加丰富了，教师应投放具有挑战性与探究性的材料，而不是在一种简单的材料上反复操作，使幼儿失去对材料的兴趣。[1] 也就是说要注意幼儿对美术材料探索的深度。教师可以让幼儿参与美工区投放材料的过程，让幼儿自己提出想玩什么材料，想如何去玩材料，让幼儿尝试自己动手制作材料，促进幼儿动手能力的发展，发挥幼儿的自主性。同时，随着美工区活动的深入开展，幼儿能力水平的不断提升，教师要及时敏锐地关注到幼儿在持续探究中的新需求，灵活增添或取舍材料。

在接触新材料——锡纸的过程中，幼儿一开始对锡纸的认知不深，只是简单地在锡纸上进行涂鸦绘画；经过一段时间，幼儿渐渐地了解了锡纸柔软可塑的特点，于是开展了新的活动：将锡纸撕成不同的大小、不同的形状，并与其他材料进行拼贴；渐渐地，有的幼儿发现锡纸可以揉成各种形状，又用锡纸制作各类人物、饰品等；最后，在揉捏的基础上，幼儿利用教师提供的软钢丝，将软钢丝弯曲成想要的形状，再将锡纸包裹在软钢丝上，由此制成立体的艺术造型。

2. 凸显个性化，实现多元化艺术表达

《纲要》指出，幼儿园教育应重视幼儿的个别差异，为每一个幼儿提供发挥潜能，并在已有水平上得到进一步发展的机会和条件。因此，美工区材料投放既要符合幼儿的一般共性，也要注重考虑幼儿的个性。幼儿的个性可以指幼儿发展水平的个体差异。教师在材料投放前除了要顾全大局外，还要根据幼儿的不同发展水平投放难易层次不同的材料，让每个幼儿都能在自己能力范围内，根据自己的已有经验，运用各种材料进行多元化的艺术创意活动。

在进行“奇妙的海底世界”活动中，教师与幼儿一起布置了一块海底背景图，接下来海洋生物就由幼儿自己来制作。幼儿自由选取自己需要的材料，根据自己的能力制作难易不同的海洋生物：有的幼儿用一次性餐盘制作出各种鱼类，有的幼儿用塑料小碗和布条制作水母，有的幼儿用报纸制成纸浆来捏制海星，等等。各种平面及立体的造型交错，极具想象力和创造力。

---

[1] 刘玉婷．幼儿园美工区活动材料投放策略的初探［J］．课程教育研究，2019（12）：1-2.

第四节 美工区材料投放案例

一、新材料投放案例

案例一：锡纸

背景：

在开展大班班本课程“不纸如此”的过程中，幼儿在调查纸的种类时找到了锡纸，于是教师将锡纸投入美工区。对于大班幼儿来说，锡纸是既熟悉又陌生的。熟悉在于材料来源于生活，在烧烤中很常见，陌生在于锡纸很少被用作美工区材料。幼儿一时不知该如何操作。不过，这也正巧能引起幼儿的好奇心，有利于激发幼儿主动探索的热情。

观察对象：开心、轩轩

年龄：5周岁。

活动导入：

开心：哇，我们上次捏的小动物都在木头上呢。

轩轩：你看，这是我做的恐龙，我最喜欢的动物就是恐龙。

开心：我觉得小猫咪可爱，我们今天一起画动物吧！

说完，她们就去拿纸笔，在美工区拿白纸的时候，开心发现了锡纸。

轩轩：这是锡纸啊。

开心：锡纸是不是也能用来画画啊？

活动过程：

开心拿了锡纸放在桌上，轩轩说：“这个纸好薄啊，摸起来滑滑的，跟白纸不一样呢，好像还能当镜子用！”两个小朋友拿了记号笔就准备开始在锡纸上画画了。开心刚画了小猫咪的头就说：“这个纸好好画啊，滑滑的。”然后她看向轩轩的画。这个时候她发现轩轩的手上黑黑的，就对轩轩说：“你的手上怎么黑了？”轩轩一看，手跟锡纸有摩擦的地方黑了，锡纸上记号笔画好的画有一些被蹭掉了，于是他又用手指往画上蹭了蹭，他惊奇地说：“这个可以擦掉哎！”于是开心也跟着试了试：“那画错了就能擦掉了！”画完了之后，开心去拿蜡笔准备涂色，可是刚一用力，锡纸就差点破了，“要轻一点涂，不然纸肯定会破！”她们俩小心地涂色，发现颜色很淡，于是轩轩就说："我们换颜料棒试试看吧！"最终，颜料棒成功地在锡纸上上色了，两幅画就完成了！开心说："我想把小兔子剪下来。"于是她们又拿来了剪刀。轩轩说："皱了！"开心说："那我们轻轻剪。"最终，她们成功地把小动物剪下来了。轩轩捏着剩余不要的锡纸揉了揉说："我做了一个球，你看！"开心也拿起不要的锡纸用手扭了起来，说："有点像糖果！"于是她们就开始摆弄起了不要的锡纸，并将自己今天的作品都放在了美工区展示架上。

感知锡纸

在锡纸上绘画

剪锡纸

在锡纸上涂色

分析与指导：

幼儿对美工区新投入的锡纸材料比较感兴趣，能用自己喜欢的艺术方式表现小动物的特点，在玩的过程中体验到了锡纸的特性及不同玩法；当发现蜡笔上色困难时，能利用美工区其他材料进行二次尝试，最终成功上色，习得新经验。在之后的活动中，教师还可以启发幼儿进行思考：为什么要把锡纸压平？皱了的锡纸能怎么玩？教师鼓励幼儿大胆思考，进行尝试，结合不同美工区材料，探索锡纸的更多玩法。

案例二：石头记

背景：

小宝在植物角发现了一些小石头，他将石头变成了一条蜿蜒的石子路，但是石头的数量有点少。于是教师决定让小朋友参与收集石头的活动，部分多余的石头就被投放到了美工区。石头是生活中常见的自然材料，幼儿在参与材料投放的过程中萌发了对石头的兴趣，加深了对石头的认识。在美工区选择石头并进行各种活动时，幼儿能够体会成功的喜悦，肯定自己关于材料收集与投放的行为。

观察对象：沐卿、瑶瑶、童童

年龄：5周岁。

活动导入：

沐卿：你们看，这些石头长得都不一样。

瑶瑶：这些是我们上次带来的石头吧。

童童：那我们把石头拿出来玩吧，我想要在石头上画画。

沐卿：给我一些，我想搭一个房子。

活动过程：

沐卿挑选了几块颜色相近、大小相近的石头，然后把石头摆在桌子上，一个一个地整齐排在一起，横着排了两列，竖着又排了两列。他看了一会儿石头，想了想，于是又取了几块拼成了一个半圆。瑶瑶和童童拿了颜料笔和颜料在石头上涂色。童童在每块石头上都涂了一种颜色，瑶瑶则在石头上涂了好几种颜色。很快，桌子上就有了好多五颜六色的石头。沐卿抬起头看了一眼桌子上的石头，对她俩说："我想要这块石头。"瑶瑶说："你拿去吧，我们这还有好多呢！"于是沐卿将石头放在屋子里当作门。"我这边缺个窗户，你们那有小一点的石头吗？""有，这个行不行？"瑶瑶拿着一个小石头给沐卿。沐卿拿着石头，放过去摆摆看。过了一会儿，沐卿去材料柜拿着超轻黏土过来了。他拿了蓝色的超轻黏土，搓成了长条，然后把长条轻轻放在小石头周围和中间，变成了一个"田"字。"看，我的窗户做好啦！"沐卿向瑶瑶和童童展示着。"我要做一朵小花！"瑶瑶说着就拿了粉色的黏土，搓了小圆，然后按在一块石头上，一片片花瓣就出现啦。童童看见他俩都用超轻黏土后，也放下了手中的颜料笔，改用超轻黏土了。

分析与指导：

随着幼儿收集石头并投入美工区作为材料使用，幼儿对石头的兴趣逐渐浓厚，在活动中，幼儿一开始的操作形式有摆放石头及用颜料装饰石头。有的幼儿在活动一开始目的比较明确，在操作过程中发现问题、思考问题、解决问题；有的幼儿没有计划好，只是简单地给石头上色，在后期就很容易被其他的材料吸引过去。在之后的活动开展中，教师可以适当地限定材料玩法。另外，幼儿这次摆放的石头及用超轻黏土装饰的石头都是平面作品，教师还可以让幼儿思考如何将这些石头做成立体作品。

黏土装饰

颜料装饰

交流

加入活动

案例三：叶脉书签

背景：

幼儿在户外游戏时总是喜欢捡落叶，他们对叶片上的纹路很着迷。树叶本身具备一定的审美价值，是兼具性价比、操作性、探究性的美工材料。王老师结合本期主题活动“美丽的秋天”，选择树叶作为主材料，开展美工活动“叶脉书签”。活动前，幼儿观看视频学习书签的制作过程，了解树叶的相关知识。在收集材料的环节，王老师调动本班幼儿、家长一起参与收集手套、牙刷等生活常见物品。

观察对象：贝贝、月月、安安

年龄：3 周岁。

活动过程：

贝贝抬头看了好久步骤图，她用牙刷蘸水后小心地从叶片中部开始刷。刷了一会儿后越来越多的叶肉都粘在了毛刷上。贝贝抬头看了看月月，说：“你都刷掉这么多了，你的牙刷怎么不脏？”月月指着毛巾说：“你擦一下呀。”贝贝用毛巾擦去了多余的叶肉，继续刷叶片，刷了好久终于露出了一些叶脉。贝贝又抬头看了月月的进度，她加快了刷叶片的速度。"啊呀，破了！"贝贝喊道。由于她刷的力度太大，把"脆弱"的叶脉刷破了。月月看了说："你轻轻地，慢慢地，你看我的没有坏。"贝贝噘嘴说："我的书签坏了，我不想弄了。"说完，她放下了手中的东西，看着月月说："我来看你玩吧！"直到活动结束，贝贝一直在与月月聊天，没有再次尝试操作。

在幼儿有了初步的操作经验后，王老师将第二次美工活动的地点从室内改为户外的手工坊，并且增加了颜料。贝贝在篮子里挑选了一片最大的叶子，去水池里把叶子、牙刷润湿，然后回到自己座位上，慢慢地刷着叶片。她对身边的安安说："你要按住这个纸，不然滑一下叶子要破的。"安安听了把左手拿上来压住纸的一端："是这样吗？"贝贝边刷边说："是的，从上刷到下，朝一个方向哦。"这一次，贝贝做书签的样子很投入，并利用新增加的颜料，染出了五颜六色的叶脉书签。

刷叶子

交流

感知叶子

一起刷叶子

分析与指导：

教师在活动中投入新材料后，幼儿由于初次操作经验不够，创作出来的作品没有达到心理预期，参与艺术活动的积极性受挫。此时教师需要及时进行鼓励，维系幼儿的创作热情。在活动后教师应引导幼儿总结反思，避免下次活动再次出现类似问题。

第二次游戏时王老师改进了活动，将场地改为室外靠近水源的美工坊，让幼儿置身自然，去户外自由选择做书签的树叶材料。在材料投放方面充分体现动态性、层次性，在原有基础上增加颜料，便于幼儿染出五颜六色的叶脉书签。有了之前的操作经验与总结，幼儿对这次创作更有信心，也更能在创作中融入自己的想法，代入自己的风格。

二、半成品材料投放案例

案例一：毛线编织

背景：

在开展中班班本课程“毛线那些事儿”的过程中，幼儿找来了粗细、材质、颜色不同的毛线。老师将这些毛线投放到了美工区。好几个小朋友在开展区域活动时过来看了看、摸了摸，却选择了其他的材料。虽然中班幼儿在生活中常常能接触到毛线，但是对他们来说，如何在美工区玩转毛线似乎还是有一些难度的。于是老师在美工区投放了关于毛线的半成品，这可吸引了大家的注意。

观察对象：俊俊、土豆、乐乐

年龄：4 周岁。

活动导入：

俊俊：这是什么啊？

土豆：这是纸盘子啊！

俊俊：你看，这里有好多小洞洞啊！

土豆：老师画的这个是什么啊，好漂亮啊。

乐乐：这是捕梦网，我家里有！就是中间有很多线。

俊俊：这边的框子里有毛线，这还画着小动物，这个怎么玩啊？

土豆：你看这个图，是把毛线绕上去的，给小动物做衣服呢。

活动过程：

俊俊、乐乐和土豆把框子里的材料放到了桌子上，“我需要这根黄色的毛线做捕梦网！”乐乐拿起毛线，“哇，好长啊！”乐乐看着做捕梦网的图，将毛线一头穿过纸盘内侧的一个洞洞，然后又朝着其他的洞洞穿过去。穿了一会儿，乐乐拿着手上的作品说："土豆，你看像不像一张网啊！"土豆拿着画有小动物的纸板，抬头看了一下，点点头，就继续绕小动物了。土豆在绕的时候线的一头总是掉下来，他就朝俊俊看了看，俊俊已经给小动物的身上缠上几圈毛线了。这个时候，土豆跑去拿了一个胶棒，他把毛线直接粘在小动物身上，这下毛线不会掉了，他就从下往上在小动物身上绕毛线了。不一会儿，乐乐的蓝色毛线穿好了，还有一些毛线挂在洞洞外面。乐乐看到了胶棒，也学着土豆的方法，把蓝色毛线固定住了。乐乐在洞洞里又穿入了深蓝色的线做装饰。俊俊拿了一把剪刀，她把小动物身上的粉色毛线剪断了，把线头藏在绕好的毛线中。"我做好啦！"俊俊开心地说。"我也马上要做好了！"土豆说。俊俊看着乐乐正在做的捕梦网，对乐乐说："好漂亮啊，我也要做一个捕梦网！"

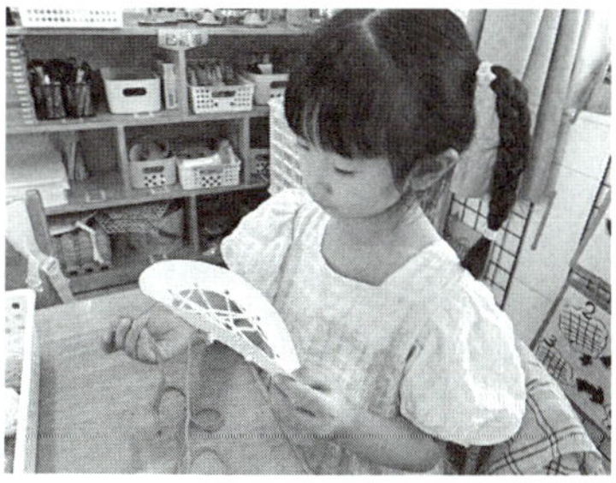
制作捕梦网

绕毛线

固定毛线头

分析与指导：

毛线刚被投入美工区的时候，部分幼儿尝试用毛线缠绕，但是对于绕的对象，绕的不同方式，幼儿并没有进行更深入的探索。中班幼儿对于手工步骤的理解能力较小班幼儿有了明显的增强。此时，在美工区投入的半成品材料和步骤图解既能激发幼儿的兴趣，又能为幼儿设定明确目标，让幼儿在尝试的过程中更具目的性，凭借不同的缠绕方式幼儿成功完成了制作捕梦网和给动物做毛衣两个活动。在接下来的活动中，教师可以请幼儿思考毛线还能怎么玩，并结合不同水平幼儿的需要，适当投入半成品材料。

案例二：小羊添衣

背景：

刚入园的小班幼儿更倾向于以涂鸦的形式进行美术活动，主要用到蜡笔和白纸。经过一段时间，老师在美工区投放印有小羊的纸张及棉花、彩纸、胶棒、魔法玉米粒等材料，吸引了幼儿的注意力。幼儿开始自由挑选自己喜欢的材料给小羊添衣。在这个操作过程中幼儿尝试贴、撕、剪等多种技能，体验美术活动的乐趣。

观察对象：辰辰、思思

年龄：3周岁。

活动过程：

辰辰对小羊添衣的活动比较感兴趣，这是她第二次在美工区选择小羊添衣的活动了。上一次辰辰选择了软软的蓬松的棉花装饰小羊，这一次辰辰选择了彩色的碎纸。她先拿了一张碎纸，一只手捏住纸的一端，另一只手用胶棒涂在粉红色的小碎纸上，然后一个一个沿着小羊的轮廓粘贴在小羊的身体上。碎纸有点小，胶棒涂在了手上，辰辰的手就有点黏。辰辰说："老师，我的手被粘住了。"老师见状，提议道："那要不我们试试看像上次那样把胶棒涂在小羊身上，然后把纸贴上去，你觉得怎么样啊？"辰辰点点头，然后又挑选了蓝色的长条纸继续撕碎。这一次，她用胶棒涂在小羊身体上，再把蓝色的纸粘贴上去，手指就不黏了。等到蓝色的纸粘完后，小羊的身体部分就完成得差不多了。坐在一旁的思思也选择了给小羊添衣，不过思思挑选的材料是五颜六色的魔法玉米粒。思思指着自己的玉米粒对老师说："老师，玉米粒坏了！"原来是思思把海绵打湿后没有挤出多余的水分，所以玉米粒在海绵上滚一滚后就开始化了。老师耐心地说："思思，这个海绵里面水太多了，所以魔法玉米粒就湿了。下次我们要记得把海绵里的水挤掉哦！"思思把海绵里多余的水分挤掉了，这次玉米粒按上去后没有化开。思思选择把玉米粒横着整齐地贴在小羊的身上，一个接着一个。贴了十几个魔法玉米粒后，小羊的身上就再也贴不下了。

彩纸装饰

玉米粒装饰

分析与指导：

要想吸引幼儿主动参与美工活动，教师投放到美工区的材料就要具备有趣、可操作性强的特点。对于小班幼儿而言，颜色鲜艳、便于动手操作的材料更容易吸引他们的注意力。多样化、有层次性的材料，能让幼儿始终保持新鲜感，促使他们乐意尝试使用不同的材料进行装饰活动，在与材料的主动互动中表达自我。另外，教师适时地介入指导也非常重要，要在幼儿产生问题的时候给予相应的帮助，帮助幼儿更好地完成作品。在接下来的活动中，教师可以鼓励幼儿说说还想用什么材料装饰小羊，让幼儿在装饰的过程中能接触更多技能。

第六章 观察为基 有效互动

——美工区活动实施与指导

内容简介

美工区活动的顺利实施离不开理论与实际的结合。本章对美工区活动实施与指导的原则、流程与要求、策略等进行了详细阐述，通过文献引用、专家交流、教师反思等形式，提炼相关观点，并辅以各年龄段丰富案例进行论证，旨在为美工区活动的实施与指导提供切实可行的建议。

思维导图

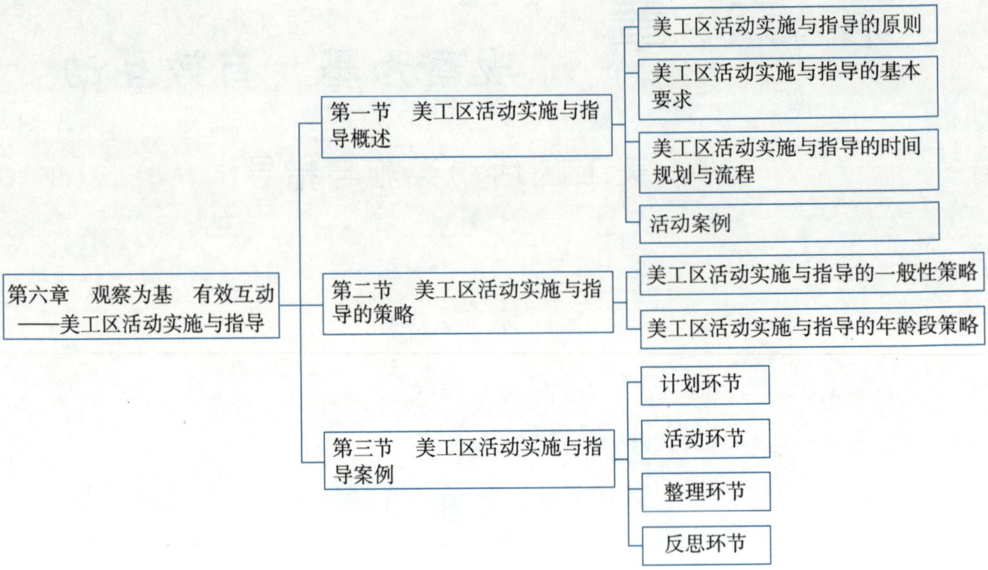

第一节　美工区活动实施与指导概述

《指南》中提到，幼儿对事物的感受和理解不同于成人，他们表达自己认识和情感的方式也有别于成人。幼儿独特的笔触、动作和语言往往蕴含着丰富的想象和情感。美工区是幼儿充分展现自己想象与表征的场所。美工区活动实施应该遵循哪些原则？注意哪些要求？如何合理规划流程，才能让幼儿在自由且富有艺术性的环境中有所收获与成长？本节将针对这些问题做相应阐述。

一、美工区活动实施与指导的原则

美工区活动是一种儿童兴趣和发展取向的美术教育活动。它主要以幼儿的兴趣和需要为导向，通常不设统一的目标和内容，由幼儿自主选择活动内容和材料，发起与同伴、教师的互动。[1] 美工区活动的实施需要遵循以下原则。

（一）目的性

美工区的创设目的是让幼儿能根据自己的兴趣、需要和能力选择相应的材料与

[1] 高超．幼儿园主题下的美术区域活动创设实践研究［J］．文渊（高中版），2019（7）：68.

方式进行表征，但这绝不意味着教师对于美工区不需要进行任何预设和计划。在美工区创设之初，教师需要根据美工活动的特点选择动静适宜、靠近水源的地方，需要考虑区域中材料选择、幼儿制作、作品展示、半成品保留等不同功能区块的设置等。在美工区正式投入使用后，教师需要根据幼儿年龄段水平拟定基础的活动目标与计划，投放相对应的活动材料与辅助材料，以此促进幼儿的发展等。

幼儿是游戏的主体，但教师绝不能扮演旁观者。教师应创造机会和条件，支持幼儿自发地进行艺术表现和创造；营造安全的心理氛围，让幼儿敢于并乐于表达与表现。

（二）规则性

在美工区，规则的设计与展示是一个无法绕开的话题。富有童趣的标识、精彩的活动剪影、严谨清晰的流程图都有助于幼儿活动顺利地进行。美工区相较于其他区域自主性更强，材料投入得更多，更需要幼儿遵守相应的规则要求。例如，在活动前教师与幼儿针对近阶段活动情况所商议出的注意事项，在活动中桌面、台面、墙面上所布置的区域规则与标识等，都在潜移默化地告诉幼儿可以做什么。

美工区的活动是自由、自主的，但自由不是随意随性，自主不是放任不管，它们需要有规则的约束，需要有教师的观察分析，如此，幼儿才会在区域中有想要尝试的动机和努力完成的勇气。

（三）层次性

在区域活动中，幼儿的能力水平发展是完全不同的，幼儿的兴趣点也是完全不同的。美工区不应成为少数幼儿的美工区，而应适合绝大部分幼儿。所以美工区的材料投放需要考虑不同幼儿的能力水平，符合幼儿的“最近发展区”。教师应根据当前主题内容、幼儿性别特征、园所特有的资源等开展不同的美工区活动，以满足幼儿的个性发展和需要。

（四）延展性

区域的活动内容不应与活动主题割裂，而应是主题活动的延续与展开。考虑到美工区活动的特殊性，教师需要留出时间、空间满足幼儿持续性的活动要求。为此，教师需要在活动预设与环境创设中有所注意。例如，将幼儿在主题中收集到的材料投入美工区，或将主题中的新元素融合到区域环境中，隐性鼓励幼儿在区域活动中延伸对主题的探索。[1]

（五）启发性与创造性

在幼儿活动的过程中，教师应成为一名引导者，并不是引导幼儿如何做，而是

[1] 张子丽．5~6 岁不同前书写水平幼儿绘本阅读的眼动研究［D］．杭州：杭州师范大学，2021.

抛出问题给幼儿，引发他们进行深度思考和探索，例如，同一种材料是否有不同的使用方法和使用环境，能否想办法让自己的作品变得立体或具有互动性，面对新材料与新内容说说自己的想法与计划，等等。不要让幼儿在区域中进行重复的活动，争取让每一名进区的幼儿都能乐在其中且有所收获。

（六）灵活性和丰富性

在美术的表现形式上，幼儿的想法是天马行空的。为了支持幼儿的活动，不至于造成因活动材料的缺乏导致幼儿无法推进活动的窘境，美工区的材料应是多种多样的。多样化的材料可以满足不同年龄段幼儿的需求，促进其创造性思维和动手能力的发展。幼儿具有强大的好奇心，促进幼儿进行操作与探索的材料更容易激发幼儿的兴趣。美工区材料的数量也需要保持充足，以满足不同幼儿的创作需求。

二、美工区活动实施与指导的基本要求

为确保幼儿在美工区活动的顺利进行，无论是材料的投放、环境的创设，还是对美育、儿童观的理解，教师均需要做好充分的准备。《指南》中提出，幼儿艺术领域学习的关键在于充分创造条件和机会，在大自然和社会文化生活中萌发幼儿对美的感受和体验，丰富其想象力和创造力，引导幼儿学会用心灵去感受和发现美，用自己的方式去表现和创造美。因此，教师不能用自己的审美标准去评判幼儿，更不能为追求结果的“完美”而对幼儿进行千篇一律的训练，以免扼杀其想象力与创造力。为此，教师在美工区活动中需要做到以下几点。

（一）在感受与欣赏中鼓励幼儿大胆想象，富有个性地创作

艺术是人类感受美、表现美和创造美的重要形式，也是表达自己对周围世界的认识和情绪态度的独特方式。幼儿能利用材料去表现的前提是有充足的表征经验和感受，由此可见感受与欣赏活动的重要性。

例如，美工区可以设计成自由的开放式环境。教师可为幼儿准备 1—2 个画架，在画架下放充足的蜡笔或水彩笔，以便幼儿随时拿取画纸，并用夹子夹在画架上绘画，通过这样一个自由、开放式的环境来吸引每个幼儿参与活动。同时也可以进行美工作品的展示，既可以展示真实的物品、照片，给幼儿美的感受，也可以展示教师的范例，让幼儿知道该如何进行操作、游戏，并在模仿的基础上进行创造；还可以展示幼儿自己完成的作品，激发幼儿美工创作的兴趣。当然，这些作品并不是简单直接地贴在墙上，而是教师根据活动的目标经过构思后呈现出来的。例如，幼儿画出来的小动物剪下后分别“生活在陆地上、天空中和水里”，拓印出的美丽花朵按照不同颜色“插在了对应的花瓶里”。

在面对新主题或新事物时，幼儿经常会表现出不知所措，此时教师需要反思、

回顾，是否给予幼儿欣赏和感受的机会。教师应引导幼儿接触周围环境和生活中美好的人、事、物，丰富他们的感性经验和审美情趣，激发他们表现美、创造美的兴趣。

同时也要注意所提供的材料与预设的活动都必须面向全体幼儿，要针对他们的不同特点和需要，让每个幼儿都得到美的熏陶和培养，避免美工区成为固定一小部分幼儿的活动区域；对有艺术天赋的幼儿要注意发展他们的艺术潜能。

（二）在表现与创造中尊重幼儿的自主选择，并关注个体差异

幼儿和成人看世界的视角不同，美术的表现方式自然有所差别。幼儿独特的笔触、动作和语言往往蕴含着丰富的想象和情感。教师应对幼儿的艺术表现给予充分的理解和尊重，不能用自己的审美标准去评判幼儿。在观察幼儿活动的过程中多问问自己："他为什么这样做?"也可以问问幼儿："你计划怎么做?"在没有了解清楚前不要急于发言，随性的指导和评价对幼儿可能造成极大的影响。

而在支持、鼓励幼儿积极参加各种艺术活动并大胆表现的同时，教师要帮助他们提高表现的技能，为幼儿的自我表现提供更多机会。游戏的最终目的是收获和成长，这就需要教师根据幼儿年龄特点对活动内容和形式有所预设。

例如，小班幼儿的小肌肉发展尚未成熟，因此他们的美工活动多围绕感知运用色彩进行。教师不应苛求他们做到画面整洁、涂色均匀，否则会使他们畏首畏尾，不敢大胆地绘画与创造。对他们的指导应注重萌发他们的绘画兴趣和大胆作画的信心，以及传授一些使用工具、材料的方法与技巧。教师在这一时期需要进行一些直接的指导与示范，帮助幼儿掌握正确的操作方法与技能。[1]

中班幼儿已经掌握了一定的使用工具、材料的方法和表现技巧，这时教师应着重指导他们如何充分使用工具、材料和发挥技巧，减少直接指导，并积极鼓励他们发挥想象力，创作出与众不同的作品。

大班幼儿的操作能力、表现能力、创造能力都有所增强。在此阶段，教师应放手让幼儿自己活动。当有一种新的活动内容出现时，教师不要急着教幼儿如何去做，而应先让幼儿自己去探索、尝试，只以观察者的身份关注幼儿的活动，在适当的时候给予支持和帮助。[2]

最后，教师要为幼儿创设展示其作品的条件。例如，预留空间让幼儿展示自己的成品，或在设计环节给予一定的时间让幼儿相互欣赏或与其他区域进行联动。在评价环节教师需引导幼儿相互交流、相互欣赏、共同提高，邀请幼儿介绍自己的构

[1] 马芳．如何创设幼儿园特色美术区角教育［J］．新教育时代电子杂志（学生版），2017（37）：42.

[2] 屠美如，边霞．幼儿艺术教育与科学教育的融合研究［D］．南京：南京师范大学，2003.

思与制作方式，达到以点带面的效果。

三、美工区活动实施与指导的时间规划与流程

由于美工区活动中手工创意占大多数，相较于其他区域来说会花费更多的时间，因此如何规划与安排幼儿园各年龄段美工区的活动时间与流程就显得至关重要。

（一）时间规划的要求

1. 遵守相关制度的要求

《幼儿园工作规程》中提到，在正常情况下，幼儿户外活动时间（包括户外体育活动时间）每天不得少于 2 小时。幼儿一日活动的组织应当动静交替，注重幼儿的直接感知、实际操作和亲身体验，保证幼儿愉快的、有益的自由活动。幼儿园应当将游戏作为对幼儿进行全面发展教育的重要形式，且应当因地制宜创设游戏条件，提供丰富、适宜的游戏材料，保证充足的游戏时间，开展多种游戏。这也是我们重视区域时间规划的一个重要原因。

2. 满足幼儿深度学习的需要

对于幼儿来说，区域活动要满足其深度学习的需要。幼儿在区域活动中需要达到的目标与深度学习所体现的一些特征（如主动建构经验、迁移已有知识解决问题等）是近乎一致的，而且深度学习从另一个角度来说是区域活动的价值取向，也是目标追求。所以，保证充分的游戏时间，是支持幼儿学习不断深入的重要前提，也是将区域活动价值最大化的有效途径。

（二）每个时间段活动安排的原则

1. 整体性原则

整体性原则是指教学活动、游戏活动、生活活动、环境创设和家园合作等各类活动应相互配合、相互支持，共同促进幼儿的发展，实现课程目标。

2. 灵活性原则

灵活性原则是指基于幼儿在活动中的操作情况，遵循整体性原则，即区域活动总体时长不变，教师可以适当调整结束时间，为后续的点评环节铺路。这是一种灵活可变的时间调整策略。

3. 平衡性原则

平衡性原则是在整体性原则的基础上，根据活动的时间需求来制订有针对性的时间调整方案。相较于灵活的调整，这个时间段的活动安排是相对固定的。

（三）各年龄段美工区活动流程与时间规划表

美工区活动是幼儿园教育中非常重要的一部分，旨在通过艺术活动促进幼儿的

创造力和想象力的发展。不同年龄段的幼儿在美工区的活动流程和时间规划上会有所不同（表 6-1 至表 6-3），以满足他们的认知和发展需求。

表 6-1　美工区活动流程与时间规划（小班）

活动各阶段	预计时间	重点内容
活动准备阶段	5 分钟左右	1. 教师提醒幼儿进入美工区的规则 2. 教师介绍新投入的材料与玩法 3. 教师提供一些流程图与作品，便于幼儿操作和模仿
活动开展阶段	30 分钟左右	1. 一般预设具体可感的内容（如动物、植物、人物等）辅助幼儿活动，教师需要辅助幼儿进入游戏中 2. 活动形式一般是以绘画、捏泥等基础、单一的美工活动为主 3. 教师对美工技巧不做要求，在符合美工区规则的前提下，最大限度地满足幼儿的探索欲、表达欲
活动结束阶段	15 分钟左右	1. 幼儿能在教师与图示的提醒下收纳好活动材料，打扫区域环境 2. 幼儿能向大家简单介绍自己的作品 3. 教师对活动中的亮点与不足进行讲评

表 6-2　美工区活动流程与时间规划（中班）

活动各阶段	预计时间	重点内容
活动准备阶段	7 分钟左右	1. 教师讲评近阶段美工区的活动情况，与幼儿讨论活动中的亮点与不足 2. 教师引导幼儿将主题中的内容延展到美工区活动中去 3. 教师投入适当的低结构材料，简单讲解玩法并鼓励幼儿创造新的方法
活动开展阶段	35 分钟左右	1. 教师将主题内容延伸到美工区中，提供相应的材料，鼓励幼儿进行活动的延展，教师在一旁观察，在活动出现问题时介入帮助 2. 教师在美工区张贴相应的操作流程图、技巧图等，引导幼儿自主学习 3. 鼓励幼儿在单一活动中运用不同的材料与表现方式或者尝试将几种活动形式组合起来
活动结束阶段	15 分钟左右	1. 幼儿能在图示的提醒下收纳好活动材料，自觉打扫区域环境 2. 幼儿能向同伴介绍自己作品的设计意图、制作方式等，并对他人作品进行简单评价 3. 教师与幼儿共同讨论活动中的亮点与不足

表 6-3　美工区活动流程与时间规划（大班）

活动各阶段	预计时间	重点内容
活动准备阶段	10 分钟左右	1. 教师给予幼儿发言机会，讨论在近阶段美工区所产生的好点子或遇到的问题、困难，师幼共同解决 2. 教师鼓励幼儿制订近阶段的美术创作计划，并按计划开展活动 3. 教师投入生活废旧材料、自然材料等低结构材料，倾听幼儿制作需要，以便及时调整

续表

活动各阶段	预计时间	重点内容
活动开展阶段	40 分钟左右	1. 幼儿根据自己制订的计划开展活动，教师根据幼儿需求提供相应材料支持幼儿活动 2. 教师鼓励幼儿以小组为单位，合作完成较高难度的美工作品 3. 教师对区域进行留白，保证幼儿的创作空间 4. 教师鼓励幼儿用多种形式、多种材料、多种技巧进行表现
活动结束阶段	10 分钟左右	1. 幼儿能在图示的提醒下快速、有序地收纳材料、打扫区域及周边环境 2. 幼儿能结合自己的计划书，向大家介绍活动计划、完成情况、设计思路、后续工作等，也能以小组为单位分工介绍活动内容 3. 教师请幼儿说说活动中的新发现，并鼓励幼儿想想解决方法

四、活动案例

小班：好玩的手帕

年龄：3 周岁。

基本信息：睿睿非常喜欢尝试美工区的新材料。

背景：睿睿想尝试新投放的扎染材料，但不会使用。

这是老师第一次投入扎染材料。虽然老师提前做了介绍，但是小班的幼儿一开始接触这个新事物的时候还是手足无措：想玩，可是又不会。睿睿问老师："老师，这个怎么玩？"老师就引导他从最简单的尝试做起来：第一步，让他看操作图；第二步，问他看到了什么；第三步，让他思考这个是怎么做出来的。通过看操作图，睿睿知道：首先要拧开颜料瓶盖，然后把颜料倒在格子里，还需要用到滴管。老师先示范了拧瓶盖，睿睿也跟着操作起来。当这个滴管拿出来的时候，睿睿有点儿纳闷：这个要怎么蘸颜料？老师又教给了睿睿"一捏一吸"这个口诀。在吸颜料的过程中，虽然老师要求睿睿把每个颜色的滴管靠在对应颜色的颜料架上，但是睿睿的规则意识还不是很强，真正操作起来的时候还是会忘记，蘸取完这种颜料又去蘸取另外一种颜料。当睿睿在餐巾纸上进行扎染活动时，老师发现有些地方存在没染上颜色的情况，于是提醒睿睿：白色的地方如果染上颜色会更加好看。睿睿在老师的建议下操作了。完成后，睿睿打开餐巾纸去教室外晾晒，并将颜料盘和滴管清洗干净，晾晒。

分析：

在整个活动过程中，教师是活动的引导者、观察者、支持者。幼儿在美工区里能欣赏、了解到多种多样的艺术形式和作品。通过操作，他们的手部精细动作得到了锻炼，幼儿欣赏美、感受美的能力也得到了增强。自由地选择区域材料让幼儿能跟随自己的兴趣爱好进行游戏，满足了幼儿的需求。教师在指导幼儿操作活动时不是全程介入，而是在幼儿有特殊需求的时候进行帮助和启发，旨在教会幼儿操作的方法，在不破坏幼儿创造力、想象力的前提下引导幼儿自由创作，让幼儿明白就算做出来的和教师的不一样也没关系，鼓励幼儿进行大胆创造。

尝试使用滴管

晾晒扎染作品

中班：好看的树

年龄：4 周岁。

基本信息：淳淳面对问题更倾向于自己解决，不轻易寻求帮助。

背景：利用纸盘和树枝进行创作的过程中，淳淳在树枝处理环节遇到了困难。

中秋节那天，幼儿用蛋糕纸盘制作了一些装饰品，从那之后很多幼儿都喜欢给白色纸盘涂上亮丽的颜色。但是，由于幼儿的创作形式比较单一，且模仿情况比较多，因此在准备阶段，老师让幼儿就蛋糕纸盘还可以用来做什么展开了讨论，以此拓宽幼儿的创作思路。

恰逢初秋，幼儿在幼儿园里捡了很多小树枝。淳淳选了其中一根，但是他没有尝试过该如何使用，便打算用剪刀来剪断。老师允许幼儿在试误的过程中发现问题，并尝试解决问题。淳淳不断地尝试但都无法将树枝剪断，然而他不经意地将小树枝折了一下的动作让小树枝轻松地折断了。之后，他用同样的方法将小树枝折成了几小段。然后，他将这些折断的树枝粘贴在纸盘上，并用颜料涂上色彩，最终制成了漂亮的装饰品。

分析：

在这个案例中，教师作为观察者，并没有介入其中，而是在观察中给予幼儿解决问题的机会与时间，让幼儿获得独立活动的成就感。

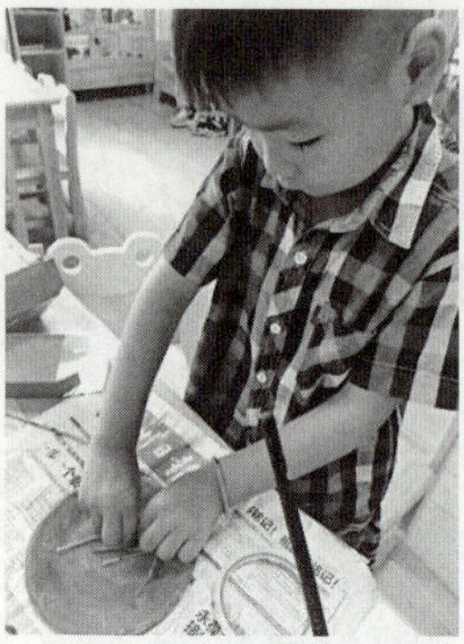

粘贴树枝

刷颜料

展示成品

大班：光盘时钟

年龄：5 周岁。

基本信息：珊珊有很强的动手能力，喜欢使用低结构材料。

背景：新的光盘材料投入美工区后，配合之前的数学活动，珊珊计划制作一个闹钟。

新材料光盘投入后，老师鼓励幼儿使用新材料。珊珊打算制作一个闹钟，她拿了光盘、瓶盖和记号笔，想写下数字 12，却先写了个 2，还被其他小朋友发现写反了。由于幼儿有前期经验，知道记号笔是擦不掉的，于是她去找老师寻求帮助："老师，我这个写反了怎么办？"

老师提醒她："有没有办法把它遮起来呢？"

珊珊想出了办法："我可以拿纸把它遮住，然后在纸上写数字。"于是珊珊拿了一张红纸，在纸上写了数字 12，然后剪下来贴在了写错的地方。

贴完数字后，珊珊又准备提笔在光盘上写数字，可是这次她犹豫了："要是我又写错了怎么办呀？"老师说："你既然已经贴了一个数字了，其他的数字也可以贴上去，这样写错了还能改。"珊珊听了，点点头说："对的，都是贴的还好看呢。"说完，珊珊就开始写其他的数字了。数字都写好了，要贴了。但由于珊珊没有均匀地规划好位置，所以有几个数字没地方贴了。老师看到了建议道："贴的时候可不可以先把数字的位置摆放好，然后再一个个地贴？"在老师的指导下，珊珊完成了贴数字。

接着就是做指针了。拿什么做指针呢？旁边的小朋友说可以拿彩纸剪，但是珊珊说："彩纸太软了，一会儿就会坏。"老师说："要不你去我们的资源库看看，有没有什么材料适合做指针。"珊珊连忙来到了资源库，她选择了小纸盒作为制作指针的材料。接着珊珊在纸盒上画好了指针并剪了下来，想把它们贴在瓶盖上。

老师看到了连忙说道："你把指针贴住了它还怎么转呢？"珊珊不知道怎么办了，很丧气地说："那怎么办呀？"老师拿出了工字钉说："可以用钉子穿过瓶盖，然后再把指针插在钉子上，这样指针就可以转动了。你试试看。"于是珊珊就照着老师的建议尝试了，结果真的可以转。

弄好后，珊珊把完成的指针放在光盘的洞里，接着她又去拿了一个瓶盖。老师问道："你打算用这个瓶盖做什么？"珊珊说："我要把这个瓶盖放在另一边，也用钉子戳进去，这样我的指针就不会掉了。"弄好后，老师发现钉子的针是裸露在外面的有点不安全，于是问珊珊有什么办法能把针藏起来。珊珊说："我去拿点超轻黏土，把它遮住，这样就看不见它了。"珊珊的时钟终于做好了。

分析：

在这个案例中，在幼儿进行美术创作时，教师及时给予回应，既把握了在活动中的教育契机，又提供了适当帮助，使师生关系更加密切，也使幼儿的动手能力、思维能力都得到了一定的锻炼与发展。

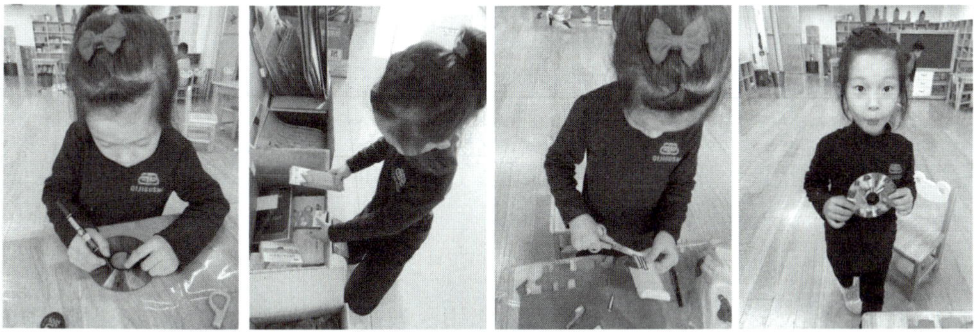

制作光盘闹钟

第二节 美工区活动实施与指导的策略

一、美工区活动实施与指导的一般性策略

美工区活动的顺利开展离不开教师对区域的计划和创设。在不同年龄段的美工区活动中，教师重点关注和计划的内容是相辅相成的。

（一）活动开始前

1. 商讨参与策略，让幼儿和环境“说话”

美工区活动开始前，教师要根据美工区的活动特点，选择合适的空间位置，并做好初期操作材料的准备工作。在美工区也可投放各类艺术品、照片，不同风格的绘本、海报、美工书籍等，通过创设审美情境，激发幼儿发现美、表现美、创造美的情趣。在幼儿作品呈现上，立足创设多元化的作品展示空间，供幼儿自主选择，鼓励幼儿用自己的美术作品布置环境，充分发挥幼儿的自主性，从而激发幼儿对美工作品创作的兴趣。[1]

2. 动态调整策略，材料的提供和优化

（1）提供适宜多样的美工材料。

教师要根据活动的内容及教育目标、幼儿年龄特点，有目的地在美工区提供适宜多样的材料，让幼儿在与材料的互动中提升综合能力。

从材料的教育功能层面来看，教师还需要注意以下几点：

① 注重材料的针对性。

在投放材料时，教师应考虑材料与活动目标的关系，加强材料投放的针对性。

② 注重材料的动态性。

材料的提供不能一成不变，而要根据教育目标和幼儿的发展需求，不定期地进行调整、补充。

③ 注重材料的重组性。

各个区角活动材料之间往往存在互动作用。教师在投放材料的同时，还应考虑材料之间的组合、使用。通过这些材料的重组激发幼儿的学习和操作欲望。区角的设计不仅要有纵向的学习递进性，还要有横向的层次性。不同类型的区域之间应当建立某种联结。[2]

（2）适时调整与优化材料。

教师在美工区要注意观察幼儿的兴趣，根据自己的观察检验投放的材料是否符合当前幼儿的需要，是否能激发幼儿的创作欲望，通过调整材料，让活动内容逐渐丰富起来。

① 与主题的一致性。

在计划美工区的材料投放时，教师应当考虑它与主题的一致性。幼儿与材料的交互存在两种形式：一种是根据已有主题中的低结构材料，进行二次创造；另一种

---

［1］ 胡咏梅．幼儿园美工区学习性区域活动指导策略［J］．考试周刊，2015（102）：191.

［2］ 倪静燕．幼儿园美工区游戏化策略探析［J］．小学科学（教师版），2020（8）：168.

是幼儿先确定自己的需要，然后思考所需的材料有哪些。

② 与经验的联结性。

选材要体现幼儿的意愿，并与其在主题活动、其他区角活动甚至是生活中获得的经验相联结。

（二）活动实施中

1. 幼儿与材料的互动——选择材料策略

根据幼儿的年龄特点，教师要结合各种活动材料的特点激发幼儿操作的热情，使幼儿对材料产生兴趣，从而使用材料进行操作活动，最终达成相应的教育目标。

2. 幼儿与环境的互动——创设提示性环境策略

此策略是指在美工区创设一些情景性的或步骤性的环境，用以提示幼儿具体的操作方法，支持幼儿持续游戏。

3. 幼儿与幼儿的互动——示范激发策略

此策略是指当幼儿在美工区游戏中遇到解决不了的问题，无法继续游戏时，能力较强的同伴可以适当地进行操作性的示范，从而再次激发其他幼儿尝试操作的兴趣。

4. 幼儿与教师的互动——同位参与策略

教师以游戏伙伴的身份加入幼儿的游戏中，和幼儿一同操作、商量，成为幼儿的大玩伴，以此激发幼儿不断地创新游戏，发展幼儿运用多种美术形式表达情感的能力。教师要灵活把握指导的时机，不是所有幼儿的游戏活动都需要去参与，而是要在不打扰幼儿游戏时自然加入，也可运用启发性的语言指导幼儿获得相关的游戏技能、寻找自我解决问题的方法，鼓励幼儿多去尝试不同的材料，拓宽幼儿的创作思路。

（三）活动开展后

1. 分享交流策略，培养幼儿自我认知

（1）与镜头对话。

教师可围绕活动目标，有目的地运用拍照或录像开展分享交流。比如，在交流的时候，可把幼儿的学习活动视频、照片放给大家看，然后引导幼儿观察比较，培养幼儿良好的学习品质；也可以照片的形式及时记录幼儿作品，再进行分享。通过与镜头的对话，培养幼儿的观察力，帮助幼儿积累学习经验，形成良好的学习品质。

（2）与同伴交流。

教师要为幼儿创造轻松和谐的交流环境，促进幼儿大胆自主地表达，并积极主

动地投入学习。在活动快结束的时候，可以让区角里的幼儿互相欣赏作品，如让幼儿分享“我做的是什么，是怎么做的”“我喜欢的理由”等；还可以在活动结束后开展集体分享交流，将幼儿的成品展示出来，开展“今日我最爱作品选”等评选活动。[1]

2. 作品分析策略，提升幼儿创作水平

较为具象的评价方式要求教师对美工区活动目标有明确认识。不论幼儿的作品是何种形式，教师都要引导幼儿分析出哪些方面是值得继续学习的，哪些方面是可以通过努力“变”得更好的。

无论是交流还是展示，教师均要用积极鼓励的语言先肯定幼儿认真、完整的介绍，再引导幼儿去发现同伴操作中材料的选择、工具的运用及表现方式的“美”，鼓励幼儿说出自己认为可以调整的好方法，以此来激发幼儿在以后的活动中继续尝试新做法和玩法。

3. 增加奖励策略，使幼儿想要继续选择美工区

要想提高幼儿在美工区游戏的持久性，鼓励幼儿创造性地玩，奖励是一种很好的促进方法。教师可根据幼儿的年龄特点，设置不同的奖励机制，从而引发幼儿对自己美工作品的思考和调整，做别人没有做过的、有创意的作品，最终实现《指南》艺术领域的目标。

二、美工区活动实施与指导的年龄段策略

不同年龄段幼儿的发展水平各有特点，在语言表达、同伴交流、活动设计、技能技巧等上各不相同，所以在美工区活动中教师的指导策略也需要对应不同年龄段的特点，才能行之有效。[2]

（一）小班美工区活动实施与指导策略

美工活动是幼儿喜欢的一项活动，因为幼儿能够借助这无声的语言来表达自己的情感。由于小班幼儿年龄尚小，小肌肉发展还不够完善，绘画水平低，正处于涂鸦期，因而教师应当采取以下策略来确保小班幼儿顺利开展美工区活动。

1. 在观察中发现幼儿的需要

多角度观察幼儿能使教师真实地了解幼儿、走近幼儿，进而实现高质量的教学互动。教师应在观察中发现幼儿的需要，及时给予幼儿关怀和帮助，进而获得幼儿的信任和理解，陪伴幼儿快乐成长。

---

[1] 胡咏梅．幼儿园美工区学习性区域活动指导策略［J］．考试周刊，2015（102）：191.

[2] 赵凡奇．幼儿园美工区游戏活动中教师观察行为的行动研究［D］．武汉：华中师范大学，2016.

2. 在互动中把握幼儿的兴趣

小班幼儿很喜欢教师和他们一起活动，以朋友、同伴的身份参与创作，进行有效互动。在与教师交流、共同制作的过程中，幼儿不仅获得了成功和快乐的体验，而且锻炼了口语表达能力，增强了社会交往能力。

3. 在引导中关注幼儿问题

每名小班幼儿的性格表现、学习方式是不同的，教师要分析幼儿在美工区遇到的不同问题，有针对性地进行指导。在与幼儿的互动中，教师有时故意“犯错”，让幼儿对教师进行指导，既能增强幼儿的自信心，也有助于巩固幼儿的技能技巧。

4. 在调整中促进幼儿的发展

教师要善于潜移默化地引导小班幼儿掌握基本的美术创作技能，鼓励幼儿大方地分享自己的创作经验和解决难题的方法。通过不断引导幼儿认识到做什么、怎么做、谁来做，然后选择用哪些材料来制作，追随小班幼儿的发展需要，参与幼儿的游戏过程，并给予他们及时、适宜的指导和帮助，不断调整指导策略，促使美工区活动顺利开展。

（二）中班美工区活动实施与指导策略

中班是幼儿园教育中承上启下的阶段。相比小班幼儿来说，中班幼儿活动水平、游戏水平、心理水平都有明显提高，自主性和主动性有了一定的发展，活动的持久性也不断提高，因此，对材料投放和教师指导提出了更高的要求。

1. 提供各种实用的操作材料

（1）提供精美的艺术品和范例。

在美工区材料提供上教师不能忽视艺术品对幼儿潜移默化的作用。在幼儿遇到困难或没有明确目标时，艺术作品和范例可以提供非常好的帮助。

（2）提供可操作的废旧物品。

生活中有很多的废旧物品，幼儿对其十分熟悉。在变废为宝的过程中，幼儿不仅感受到了材料的奇妙变化，体验到了创作艺术作品的快乐，还享受到了成功的喜悦。[1]

（3）根据主题活动的开展提供相应的材料。

在美工区的活动开展中，教师不仅要顺应幼儿的创作需求，也要根据主题活动的开展，有的放矢地投放相应的材料，让幼儿循序渐进地体验主题活动带来的乐趣。

[1] 金珊华. 浅谈中班美工区材料的投放与教师的有效指导［J］. 科学大众，2019（6）：111.

2. 注重教师的合理有效指导

（1）重视活动前的谈话。

对幼儿参与的各项活动，教师不能忽视这些活动的计划性对幼儿发展产生的作用。美工区的活动计划应由教师和幼儿共同来完成。比如，美工区活动开展之前的谈话可以是教师根据具体的活动向幼儿提问，如“今天你想做什么?”，也可以是教师根据主题活动开展情况对幼儿提出要求。

（2）关注活动中的指导。

幼儿在开展美工区活动的时候往往会遇到一些自己不能独立解决的问题。这个时候，教师就要在认真观察幼儿活动的基础上提出自己的意见和建议，帮助幼儿完成作品。

（3）加强活动后的评价。

《纲要》指出，教育评价是幼儿园教育的重要组成部分。教师对幼儿在美工区活动所做出的肯定性评价，不仅肯定了幼儿的艺术创造，帮助幼儿找到了成功的喜悦，还能支持和引导幼儿从原有水平向更高的水平发展。教师可以通过活动后的评价引导幼儿发现自己制作中的问题，启发幼儿新的活动方式与技能技巧。

（三）大班美工区活动实施与指导策略

大班幼儿独立性较强，手指小肌肉动作迅速发展，抽象逻辑性思维开始萌芽，对色彩冷暖色性的认知能力、色彩均衡和谐构成的选择能力、色彩轻重识别能力、空间构图能力、对作品的表征形式及审美感受能力都有了一定的发展，为进行美工区的各项活动奠定了基础。

1. 准确观察，为丰富幼儿审美经验搭建平台

教师通过洞察幼儿的发展水平和实际需要，为大班幼儿创设充满意境的美工区域，提供符合幼儿兴趣、具有美感特性且形态各异的材料，为幼儿探索感知不同材料所具有的美感特性、操作体验不同材料搭配所呈现的艺术效果提供了可能；为鼓励幼儿在造型、造意、造境的过程中潜移默化地增强对色彩、形体、结构等基本元素的审美能力，获得美的情感和美的心灵陶冶，领悟审美形态创造了机会。

2. 积极支持，为鼓励幼儿自主解决问题创设条件

区域活动为幼儿提供了相对开放的活动空间，幼儿在活动中遇到困难也是在所难免的。教师的积极支持不仅能帮助幼儿获得艺术知识，掌握创造的技能技巧，还能为鼓励幼儿自主解决问题创设条件；教师的积极支持，不应该只注重眼前知识技能的掌握，更应该关注幼儿在活动中是否拥有积极的情感体验，是否获得身心全面和谐可持续的发展，引导幼儿自主寻求解决问题的有效办法，帮助幼儿获得成功的

体验，树立信心。[1]

3. 适时介入，为增强幼儿创造表征能力提供帮助

对大班幼儿的艺术活动，教师适时介入能够充分调动幼儿的多种感官，顺应幼儿艺术发展的内在规律，促进幼儿感知事物、认识事物，建构美术知识体系，提升技能技巧，进而在其已有知识经验积累的基础上，激活创造性思维，增强想象和创造的能力。如幼儿在艺术创作遇到困惑而停滞不前时，教师恰到好处的介入能帮助幼儿在操作互动中增强创造表征能力，帮助幼儿解决问题、重拾信心。

4. 合理评价，为增强幼儿艺术鉴赏能力奠定基础

从大班幼儿认知特点来看，幼儿不仅在与材料的互动过程中建构经验，在与同伴的创作、欣赏活动中同样也能积累经验，增强鉴赏能力。在欣赏与评价环节中，教师的鼓励能使幼儿大胆表述自己创作的作品，学会欣赏同伴的作品，在相互学习、共同鉴赏中，寻找自己作品的闪光点和欠缺处，借鉴同伴作品的可取之处，进而加深对多种美的感知，增强艺术鉴赏能力。

第三节　美工区活动实施与指导案例

美工区活动按幼儿的活动内容共分为四个环节，分别是计划环节、活动环节、整理环节、反思环节。不同年龄段幼儿在相同的环节中所思考的问题、面对的困难以及解决的方法各不相同。为此，笔者共整理了十二篇案例，展现幼儿和教师在不同环节中的活动情况。

一、计划环节

案例一　小班：有挑战的任务

年龄：3 周岁。

基本信息：嘉佑对美工区的喜爱程度一般，喜欢一些有挑战的任务。

背景：嘉佑看到自己的好朋友苏妍连续几天都选择了美工区，这两天他也一直选择在美工区与伙伴互动。

在活动开始前，嘉佑把夹子夹在了美工区，走到材料区左边瞧瞧，右边看看，

[1] 秦晓红．大班美工区域活动中教师的有效指导研究［D］．济南：山东师范大学，2019.

手还放在下巴上，微皱着眉头轻轻嘀咕什么。这时，苏妍也夹好夹子走了过来，她看了一眼“小小理发师”的材料筐，接着又低头在工具区看了看，对嘉佑说：“你选好了吗？”嘉佑回答道：“我今天想挑战一下高难度，我要多考虑一会儿。”苏妍道：“那好吧，那你慢慢想，我先到前面去了。”随着音乐响起，小朋友们陆陆续续地来到了教室中间。老师问道：“今天选择美工区的小朋友有哪些？请举一下手让我看一下。”嘉佑、苏妍、阳阳、宇哲、睿睿举起了手。老师问道：“谁先来说一说你今天想在美工区里玩什么？”苏妍举起了手，说道：“老师，我今天要当‘小小理发师’。”老师问道：“那你今天打算用什么材料和工具呢？”苏妍答道：“我已经会用剪刀剪直直的线了，我今天想给小客人设计一个弯弯曲曲的发型。”老师继续问道：“那你准备给几位小客人设计发型，设计几种发型呢？”苏妍想了想说：“三位……那就设计三种发型吧！”接着，嘉佑举起了手，说道：“老师，我今天想要做个有挑战一点的。”老师问道：“哦，那你今天准备做什么呢？你准备怎么做？”嘉佑想了想说：“我想用黑色的卡纸和双面胶做马路，再画上小汽车，把它剪下来贴在马路上，然后做成高架桥。”老师问道：“那你觉得今天你的‘挑战’是什么呢？”他说道：“我以前只是在白纸上画过小汽车，但是我的小汽车没有在马路上开过。我今天想试一下把我的小汽车放在马路上。”小朋友们说完自己的想法后，音乐响起，他们各自来到了选择的区域里，拿起材料操作了起来。

分析：

在做计划的过程中，教师应注重循序渐进，充分给予幼儿思考的时间和空间，让幼儿能够自主地做计划，而不是先教幼儿怎样做计划。幼儿主动做计划有助于幼儿成为有自主生活、自主学习意识的人，能够促进其综合能力的发展。《指南》中指出，教师应尊重幼儿自发地表现和创造，并给予适当的指导。教师应提供丰富的材料，让幼儿自主选择，用自己喜欢的方式去创作，而不应做过多要求。

选择区域

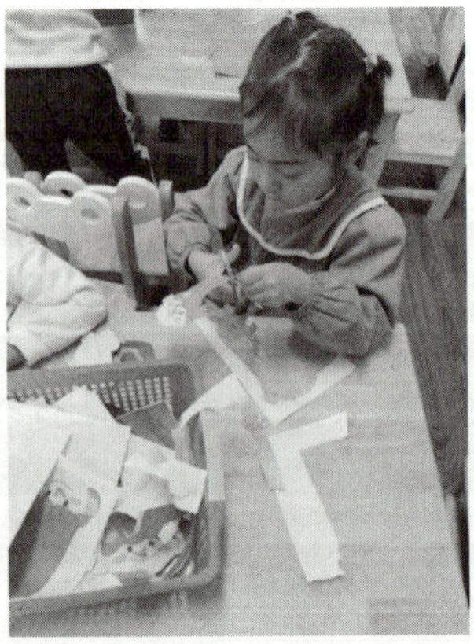

剪裁“发型”

选择材料

材料展示

案例二　中班：有用的卷纸芯

年龄：4 周岁。

基本信息：幼儿喜欢选择低结构材料进行立体造型活动。

背景：活动开始前，老师引导幼儿对收集到的卷纸芯进行创作规划。

活动开始前，老师拿着卷纸芯向幼儿介绍："这是我们收集的卷纸芯，之前已经有小朋友用它进行了创作。大家想一下，卷纸芯可以用来做什么？"有小朋友回答道："剪下来做一个弯弯的桥。"老师称赞道："这真是一个不错的想法。其他人呢？"又有小朋友回答："我们可以把卷纸芯装饰好，放在建构区搭东西！"老师追问："那搭东西的卷纸芯应该怎么选呢？"有小朋友觉得，要选一样的！也有小朋友觉得积木太重，容易倒，所以要选硬一点的！老师接着问大家，卷纸芯还有没有其他的玩法。大家七嘴八舌："雯雯老师教我做过猫头鹰！""这一定很有趣。"老师问："启扬，你还记得你做了什么吗？"启扬回答："那个聪明屋的玩具。"老师又问："那你做完了吗？"启扬摇了摇头。老师接着问："你为什么没有做完呢？"启扬挠了挠头说："我忘记了……"老师总结道："既然我们小朋友对这个材料有这么多的想法，那我们再尝试一下，看看能不能创作出更多的作品来。如果你之前的作品还没有完成，也可以继续完成！但在使用剪刀时请注意安全，使用材料时也不能浪费。"

分析：

在活动开始前，教师结合幼儿对于材料——卷纸芯的经验和认识，让幼儿讨论卷纸芯可以创作成什么东西。通过和幼儿的商讨，丰富幼儿对材料结构的认识，让他们知道卷纸芯可以折、可以剪、可以贴……《指南》要求中班幼儿能沿轮廓线剪出由曲线构成的简单图形，边线吻合且平滑。不同的材质在一定程度上也增加了剪纸的难度，所以教师可以建议幼儿先用笔画好线条，然后根据线条剪。首先，针对不同能力的幼儿，教师可以对收集的材料进行分类。其次，教师在谈话过程中可以引导幼儿去发现这个问题，也可以在操作的过程中，通过比较，让幼儿自己发现这个问题，增强幼儿发现和探究的欲望和能力。

此外，教师也要注意作品与其他区域之间的联结性。作品如果单纯是作品，无非就是在增加幼儿创作经验的基础上给班级的环境添砖加瓦，可是如果作品被充分利用起来，那作品就是幼儿手中的玩具，幼儿创作的热情会更加高涨，他们的自信心和自尊心都会得到发展。比如，针对不同的作品，幼儿可以用到的卷纸芯是不同的。纸质比较坚硬的可以投放在建构区，而比较薄的卷纸芯就可以通过剪剪贴贴来进行操作。在创作的过程中，幼儿对自己的作品越来越有想法，而不是单单地欣赏作品。这些作品或被用来布置环境，或被投放在其他区域，充分发挥了它们的价值……这说明幼儿在活动中能主动地出主意、想办法了。

讨论卷纸芯的使用

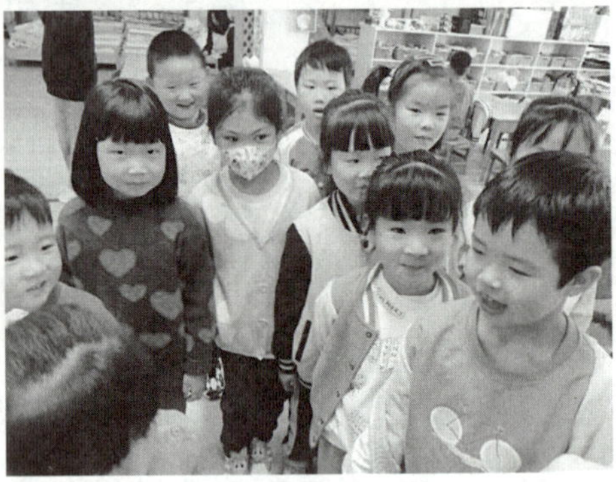

选择需要的卷纸芯

案例三　大班：有挑战的任务

年龄：5周岁。

基本信息：艾米是美工区的常客，绘画技巧非常突出。

背景：新的脸谱材料对幼儿来说是一个挑战，但艾米却非常高兴。

今天，在开始区域活动前，老师展示了美工区新的材料——脸谱，并让幼儿分享对脸谱的看法。幼儿在上一次美术活动时对京剧脸谱已经有了一定的认识。上次美术活动的要求是让幼儿知道每种颜色所代表的含义及其对称性。若脸谱上的花纹已经画好，幼儿就能很迅速地将作品完成，可是这次，看到空白的脸谱，小朋友们惊讶极了。有些小朋友说："老师，好难啊！""老师，我不会呀！"……老师笑着拿出了另一张脸谱示例图，让幼儿看着图纸画画京剧人物，让想要试一试的小朋友上来拿材料。艾米第一个举起了小手，拿走材料时皱着眉头、抿着嘴巴。艾米平时特别喜欢画画。老师说："艾米，这次把你难倒了吗？"艾米立马说："老师，我正在研究到底要画哪个历史人物呢！"听了她的回答，老师鼓励她多画几个人物。

分析：

大班幼儿独立性较强，手指小肌肉动作迅速发展，抽象逻辑性思维开始萌芽。美工区活动开始前，教师根据美工区的活动特点及幼儿的年龄特点，选择合适的空间位置，并做好初期操作材料的准备工作。美工区材料投放时从前期感受脸谱表情并认识脸谱颜色所代表的含义，到现在使用白膜脸谱进行艺术创造，体现了层次性及难度递进性。教师通过创设审美情境，激发幼儿发现美、表现美、创造美的能力并激发幼儿对美术作品创作的兴趣。《指南》中也指出，要创造机会和条件，支持幼儿自发地进行艺术表现和创造，结合幼儿已有的经验，提供丰富的材料，调动幼儿创作的热情及培养幼儿的探究精神。

展示脸谱作品

请幼儿分享看法

二、活动环节

案例一　小班：海底世界

年龄：3周岁。

基本信息：小宇对美工区还处于熟悉阶段，对颜料非常喜欢。

背景：小班幼儿对美工区的材料还处于探索阶段。海底世界的集体活动结束后，老师将材料投放到美工区。

只见小宇刚进美工区，就选择了一张空白的海底世界画纸，嘴里还小声嘀咕："我要画一幅海底世界主题画！"将画纸铺平之后，小宇又从架子上拿来了印泥、塑料瓶盖与蜡笔，分散摆放在画纸前面。一切准备就绪，小宇就撸起袖子开始印画。他先是用手指捏住一个瓶盖，在印泥里重重地一摁，接着将瓶盖压在纸上，一个黄色的泡泡就跃然纸上了。小宇看到纸上的泡泡感到欢喜，就重复刚刚的动作，他的动作越来越熟练，印画速度也随之加快。乐在其中的小宇开始在白纸的不同位置添加泡泡。纸上小鱼、水草所处的位置被他印满了泡泡。一旁的欣欣看到了，提醒小宇道："哎呀，你的小鱼上也全是泡泡了，等下你怎么涂颜色呢？"小宇继续拿瓶盖在纸上印画。老师见状在一旁轻声询问小宇："小鱼是从哪里吐泡泡的呀？""是从嘴巴里。"小宇停下了手中的印画答道。"那你观察过吐出来的泡泡会去哪里吗？"老师继续询问。小宇想了一会儿，一旁的欣欣说："会漂到上面去。""那小鱼吐出来的泡泡会沉到水底吗？"老师追问。欣欣和小宇同时说："不会！"这下小宇发现了自己印画过程中的问题。在寻求帮助之后，他用抹布轻轻地将小鱼和水草上的泡泡擦拭掉，将泡泡印在了小鱼和水草的上方。

分析：

在引导中关注幼儿问题。每个小班幼儿的性格表现、学习方式都是不同的。教师要分析幼儿在美工区遇到的不同问题，有针对性地进行指导。在与幼儿的互动中，教师有时故意犯错，让幼儿对教师进行指导，既增强了幼儿的自信心，也巩固了幼儿的技能技巧。有质量的观察便于教师及时发现问题并做出回应。一开始，欣欣发现了小宇在印画过程中出现的问题并做出言语提醒，但小宇并未理会欣欣的建议，而是继续活动。教师在适宜的时机以聊天的方式加入幼儿的活动，通过询问的方式鼓励幼儿开动脑筋，积极调动以往经验，在发展幼儿思维能力与口头表达能力的同时，也引导幼儿自己发现美工活动中需要调整的地方。

《指南》中建议，在幼儿自主表达创作过程中，不做过多干预或把自己的意愿强加给幼儿，在幼儿需要时再给予具体的帮助。幼儿在美工区自主创作的过程是幼儿感受美、创造美的有效途径。教师在幼儿活动初期为幼儿创造了丰富的活动材料与良好的活动环境。在幼儿大胆创作时教师并未过多干预，而是在幼儿创作与实际生活经验出现偏离时给予帮助，以幼儿喜闻乐见的形式，运用同伴力量，使幼儿自己发现问题、解决问题。

使用手指印泡泡

使用工具印泡泡

案例二　中班：互帮互助

年龄：4 周岁。

基本信息：嘉佑在与伙伴的游戏中处于主导地位，积极帮助伙伴。敏敏喜欢美工区活动，但是手指精细动作发展较弱。星宇是嘉佑的好伙伴，非常喜欢跟着嘉佑一起活动。

背景：彩虹桥制作是从集体活动中延伸出去的，近阶段幼儿对此兴趣非常浓厚。

区域游戏开始前，幼儿先自主选择区域并做了计划。嘉佑、星宇、敏敏、宇哲选择了美工区，其中嘉佑、星宇、敏敏选择了制作彩虹桥。只见三个幼儿拿取材料框开始操作起来。星宇拿了剪刀直接在彩纸上裁剪长条。敏敏看了看星宇，有点无从下手，嘉佑也已经开始了剪裁。敏敏问："彩虹桥先用什么颜色啊?"嘉佑说："彩虹的颜色啊。"星宇停下来，问："有哪些颜色?"嘉佑说："红橙黄绿青蓝紫。"于是敏敏开始了剪裁，不一会儿，全部都弄好了。嘉祐开始贴彩虹桥。只见他用剪刀剪下双面胶贴在彩纸上，两头一弯粘在了白纸上。嘉祐说："哎呀，我忘记按照颜色排好了。"星宇对老师说："老师，我的好了。"老师走近一看，说："你这个彩虹桥颜色怎么这么少?"星宇说："贴不下了。"老师说："你可以剪裁得细一点，你的桥太粗啦。"星宇开始修改起来。敏敏也剪得差不多了，她说："老师，我不会贴双面胶。"嘉佑说:"敏敏，我做好了，我来帮你吧。"嘉佑做好了彩虹桥，就去帮敏敏剪双面胶了。嘉佑剪裁，敏敏负责粘贴、撕。最后三个幼儿的作品都完成了。

分析：

班级幼儿的发展水平参差不齐，有的幼儿剪刀用得很好，有的幼儿还不会拿剪刀。有的幼儿能剪直线，有的幼儿还不能。有的幼儿可以撕贴双面胶，有的幼儿还不行。个别能力强的幼儿在游戏中有了初步的合作意识。

针对幼儿的情况可以做出以下调整：

① 从易到难，逐步提升。教不会使用剪刀的幼儿正确使用剪刀，给幼儿机会尝试剪裁，多鼓励幼儿动手操作。为会用剪刀但是无法按照轮廓剪裁的幼儿多提供一些剪纸册子，让幼儿多练习。

② 对不同幼儿有不同的要求，可以给部分能力强的幼儿适当提升难度，让部分能力弱的幼儿多练习，稳步提升。

帮助撕贴双面胶

剪纸桥

案例三　大班：树叶贴画

年龄：5周岁。

基本信息：兮兮总有奇思妙想。

背景：美工区提供了种类丰富的树叶。幼儿进行着各种主题的树叶贴画。

结合活动主题“秋日奇遇”，幼儿收集了许多秋天的树叶。老师把这些树叶投放在班级的美工区。最近美工区热闹极了，幼儿都喜欢在那里玩树叶贴画游戏。兮兮也喜欢玩树叶贴画，可是老师站在旁边观察了很久也没有看懂她的画。于是老师问了一句：“兮兮你贴的是什么小动物呀？”兮兮抬头看了老师一眼说：“老师，我贴的这是一辆正在马路上行驶的汽车，下面的长树叶是马路，绿色的圆形树叶是车轮，上面的黄色树叶是车子。”老师又仔细观察了她的车子。“老师，你看懂了吗？”兮兮问道。老师说：“听了你的讲解我看懂了，可是我不知道别的小朋友能不能看懂，这该怎么办呢？”于是兮兮从旁边拿了一支记号笔出来，在旁边画了一辆小汽车，画好后开心地说：“这次你们都看得懂了吧！”

分析：

对于大班幼儿的艺术活动，教师的适时介入能够充分调动幼儿的多种感官，顺应幼儿艺术发展的内在规律，促进幼儿感知事物、认识事物，掌握美术知识，提升技能技巧。在其已有知识经验积累的基础上，激活幼儿的创造性思维，增强幼儿想象创造的能力。在活动中针对教师的提问，幼儿向教师介绍了她的作品，然后又想出了新的办法去装饰自己的作品，既回答了教师的提问，又丰富了自己的作品。

美工区最终展示的是幼儿创作的作品。在活动中虽然幼儿画得很认真，但是其他幼儿理解他的作品的难度也较高，因此教师适时地以提问的方式介入，引导幼儿利用各种方式更加清晰地表现自己的作品，也让更多的幼儿来欣赏其作品。

粘贴树叶

展示作品

三、整理环节

案例一　小班：按规则整理

年龄：3周岁。

基本信息：小哲还在慢慢熟悉美工区活动，很多时候模仿着同伴一起活动。妍妍经常参加美工区活动，也是美工区的小教师。

背景：区域活动时间到了，幼儿听到音乐纷纷将材料收拾起来，根据标记对应收拾，并且及时集合进行韵律游戏。

音乐声响起，今天的区域游戏结束了，在美工区游戏的悦悦和小哲听到音乐后放下手中的颜料和瓶盖就回座位坐下了。桌子上零散地放着瓶盖和一支一支的颜料，没有人去收。妍妍看到了，跑过来说："老师，他们不收，桌子上乱七八糟的。"老师问："今天谁在美工区玩瓶盖和颜料的？"悦悦举手说道："老师，是我。"老师问："是你一个人吗？还有别人吗？"悦悦点点头说："有的，是他。"悦悦指着小哲，小哲低着头不说话。老师走近小哲问："小哲也玩了吗？"小哲这才抬起头，轻轻地点点头。老师说："既然是你们两个玩的，那你们要把这些东西收起来哦！不能让它就这么留在桌子上，快去收到篮子里吧！"悦悦和小哲来到美工区收拾桌面。悦悦从柜子里拿出一个篮子放在桌面上。小哲和她一起把瓶盖和颜料混着放在了篮子里。妍妍看着他们说："不对，不是这样收的。"老师问："那应该怎么收呢？"妍妍回答："颜料要放在专门放颜料的盒子里。"老师说："妍妍，那老师请你去帮一帮他们，和他们一起整理好吗？"妍妍点点头，走到美工区的柜子旁，拿出放颜料的盒子，对悦悦说："颜料要放在这里面。"悦悦点点头，把篮子里的颜料一支一支拿出来，递给妍妍。妍妍拿过颜料一支一支摆放好。小哲也伸手从篮子里拿出颜料，试着放进盒子里。妍妍用手挡了一下小哲，然后拿过小哲手里的颜料自己放好了。小哲抬头看了一眼老师，又试着从篮子里拿颜料放进盒子里，又一次被妍妍拿走了。小哲忍不住对老师说："老师，她不让我放。"妍妍说："你不会放，我帮你。"老师说："妍妍，你让小哲也试一试吧！"妍妍点了点头，说："好的。"小哲听后开心地拿起颜料放进盒子里。

分析：

小班幼儿刚进入幼儿园接触集体生活，还不能主动地去整理玩具，需要教师和个别能力强的幼儿去提醒。当教师提醒以后，幼儿能快速反应过来，去整理玩具，但是在整理的时候会表现出整理方面经验的不足。他只会把所有东西一起放到篮子里，还不会考虑到不同的东西要分开放。妍妍的整理经验比较丰富，知道分类摆放的整理规则。但从行为中可以看出，妍妍比较强势，在与别的幼儿交往中处于主导地位，会主导整个活动，这样就会让别的幼儿不开心，不利于社会能力的培养。因此，教师应对妍妍进行正确的引导，如可采用故事激励法，帮助幼儿改善言行，反思故事中人物的缺点自己身上是否存在，也可通过角色扮演游戏，引导幼儿换位思考，学习控制自己的情绪，与同学平等友好相处。

混乱的颜料

整理颜料

按顺序整理

将颜料放回

案例二　中班：材料还没有理好

年龄：4周岁。

基本信息：亦秋对规则非常重视，在要求自己时刻遵守的同时，也会提醒身边的同伴。

背景：树叶贴画活动结束后，幼儿没有进行整理就离开了美工区。亦秋发现后呼唤同伴进行整理活动。

美工区很热闹，很多小朋友都在美工区进行树叶贴画的活动。桌子上铺满了树叶、黏土和水彩笔等物品。时间到了，结束的音乐响起，美工区的小朋友开始迅速地收拾“现场”，不一会儿，他们就收拾好了。老师走到美工区，看到地上还有一些水彩笔没有捡起来，很多黏土的盖子也没有盖起来，泥工板横七竖八地堆在一块儿，桌子上、地上到处都是树叶的碎片……老师摇了摇头，说：“哎呀，你们美工区怎么那么乱呀?”亦秋大声地对同伴说，“地上还有水彩笔呢！树叶掉得到处都是。玩好了要把东西收拾整齐的。”说着就叫了诺娴和季轩一起开始整理了。在他们整理的时候，老师叫来了在美工区活动的幼儿进行观摩。

分析：

幼儿整理能力的增强，不是一朝一夕的事。教师敏锐地捕捉到了幼儿的整理习惯问题，在发现问题后，及时观察幼儿行为，集中分析了幼儿整理不到位的原因，发现幼儿之所以欠缺整理的能力主要在于缺乏整理意识和整理方法。因此，教师应联合保育员及家长共同帮助幼儿树立整理意识，学习整理方法。首先，教师应当从观念上帮助幼儿树立起每天整理的意识，这是极其关键的一步。其次，教师要结合环境创设，分别从集体活动和个别化学习活动中去帮助幼儿学习各种整理的技巧，引导幼儿根据物品的不同大小及用途分类，培养幼儿善思、冷静和懂得珍惜物品等品质。再次，教师可充分运用幼儿喜欢竞争的心理设计系列竞赛活动，提高幼儿整理的积极性。最后，教师还应注意到教育的全面性，不能将眼光仅仅放在一次区域活动中，要在日常生活的各个环节培养幼儿的自理能力。教师应让幼儿学会整理自己的小柜子和区域里的物品，以点带面，保教结合，全面提高幼儿的动手能力和自我服务能力。

蜡笔散落

整理蜡笔

将剩余材料收回

将材料筐放回

案例三　大班：纸卷猫头鹰

年龄：5 周岁。

基本信息：馨悦和澜可都非常喜欢美工区活动，并且他们俩是好朋友。

背景：纸卷猫头鹰是近阶段新生成的活动之一。小朋友对此活动兴趣浓厚，但还处于摸索阶段。

区域活动结束了，但作品展示台上的“猫头鹰”作品却显得有些凌乱。我注意到馨悦的座位上散落着不少卷纸芯、颜料和画笔，她的“猫头鹰”作品虽然创意独特，但因为制作过程中材料的散乱，部分装饰显得有些模糊和不整洁。我拿起一只“猫头鹰”，询问孩子们：“如果它的制作环境整洁些，你们觉得它会怎样？”“会更美！”孩子们异口同声地回答。接着，我问馨悦：“馨悦，在这次制作过程中，你是否遇到了材料散乱导致作品受到影响的情况？”馨悦点了点头，说：“颜料弄得到处都是，有时候都找不到我要的颜色了。”活动结束后，我与孩子们一起回顾了制作过程，特别强调了材料整理的重要性。我指出，馨悦的“猫头鹰”创意虽佳，但因材料整理不当，制作过程中频出小状况。

分析：

在美工区的“猫头鹰”制作活动中，有效整理材料对于幼儿创作具有显著优势。首先，整理材料能够提升幼儿的活动效率。当所有材料都井然有序地摆放在指定位置时，幼儿可以迅速找到所需工具，减少寻找时间，从而有更多时间专注于创作本身。这对于培养幼儿的专注力和时间管理能力至关重要。其次，整洁的活动环境有助于提升作品质量。在材料散乱的情况下，幼儿很容易因找不到合适工具或颜料而心生烦躁，进而影响作品的美观度和完成度。相反，一个整洁有序的活动环境能够让幼儿保持心情愉悦，更加细致地投入到创作中，从而提升作品的整体质量。最后，有效整理材料还能培养幼儿的责任感和自律性。通过参与材料整理，幼儿可以学会对自己的行为负责，养成良好的活动习惯。这种责任感和自律性将伴随幼儿成长，对他们的未来发展产生积极影响。

因此，在美工区活动中，教师应重视材料整理的重要性，引导幼儿养成整理材料的好习惯。同时，也可以通过设置材料整理环节、提供整理工具等方式，为幼儿创造更加有利的创作环境。相信在这样的环境下，幼儿的“猫头鹰”制作活动将会更加顺利、高效，作品也将更加精美、独特。

在制作过程中材料散乱

四、反思环节

案例一 小班：秋天的柿子

年龄：3 周岁。

基本信息：雨芯有一定的美工基础，所以能非常熟练地使用美工区的材料。

背景：活动结束后，老师借助一体机，让雨芯与大家分享自己的美工作品。

老师打开一体机将雨芯用报纸球印柿子的照片展示出来。雨芯举起手中的作品说："我今天画了柿子。"一诺说："柿子好漂亮呀。"老师说："秋天是一个丰收的季节。雨芯的柿子好漂亮，看起来都成熟了。但是我看到你的柿子有些干瘪，看着有点不新鲜了。"星辰说："好像缺了一点。"老师把报纸球拿起来给幼儿观察："游戏之前我们已经观察到，自制的报纸球是不规则的圆，会有缺口，需要转一转才能补充完整，让柿子看起来更加饱满。"雨芯说："那我再试一试。"老师让雨芯在空白纸上再次尝试，手把手指导雨芯将报纸球转一转印出饱满的柿子。乐妍说："我也想试一试。"老师让感兴趣的幼儿都来尝试。梓沫说："好多柿子呀。"老师说："小朋友们的柿子又大又圆，真是大丰收呢。"

此时沫凝说："我家的柿子是放在一个盘子里的，我想把柿子印在盘子里。"其他小朋友提出柿子可以待在其他地方，有篮子、盘子、塑料袋等，可是提供的材料里面并没有这些。老师说："那老师给你们多画几张，你们就可以自己选择了。"

分析：

教师将雨芯印柿子的过程以照片的形式记录下来，在分享环节进行展示，吸引幼儿的注意力，在教师和同伴的赞扬肯定中增强幼儿的自信心。因为活动的目标是引导幼儿用转一转的方式让印出来的柿子更加饱满，所以教师也反思：如果用视频的方式记录会更加直观，能够让幼儿之间相互促进，达到支持幼儿自主学习的目的。

《指南》建议，要肯定幼儿作品的优点，用表达自己感受的方式引导其提高。雨芯的柿子色彩很美丽，印了很多柿子意味着大丰收，但是由于报纸球没有转一转，有几个柿子是瘪的，于是教师先肯定柿子的美丽，再提出柿子干瘪，看起来不新鲜，引导幼儿发现可以通过改善"变"得更好的地方。

《纲要》中明确指出，要避免仅仅重视表现技能或艺术活动的结果，而忽视幼儿在活动过程中的情感体验和态度倾向。在欣赏作品时，教师重视引导幼儿感受秋天丰收的美，从而引出饱满的柿子，并且引导幼儿观察自制的报纸球外形，发现报纸球是不规则的圆，从而理解为什么需要转一转才能印出饱满的柿子。

分享制作过程

展示作品

提出疑问

针对疑问进行回答

案例二　中班：值日生

年龄：4周岁。

基本信息：活动结束后，许多幼儿不愿意整理材料，已经逐渐演变成了一个大问题。

背景：中班的美工活动结束后，我发现美工区域一片混乱。彩纸、剪刀、胶水等美工材料散落一地，没有幼儿主动收拾。这种情况已屡见不鲜，显然，幼儿在活动结束后尚未树立起整理的意识。见状，我决定与幼儿进行一次谈话。我召集了所有参与美工区活动的幼儿，让他们看看眼前的混乱场面，并询问他们的感觉。”悦悦说：“太乱了，走路会踩到纸！”洋洋说：“剪刀不收好，可能会扎到人。”我追问：“为什么会这样？我们可以怎么做？”欣欣说：“因为有人玩完就跑啦！”“我们要留下来收拾！”我顺势引导：“收拾整理是个好办法，但不可能全班小朋友都去收拾，应该怎么安排呢？”幼儿纷纷提议：“应由美工区的小朋友负责整理，并检查材

活动过程中材料凌乱

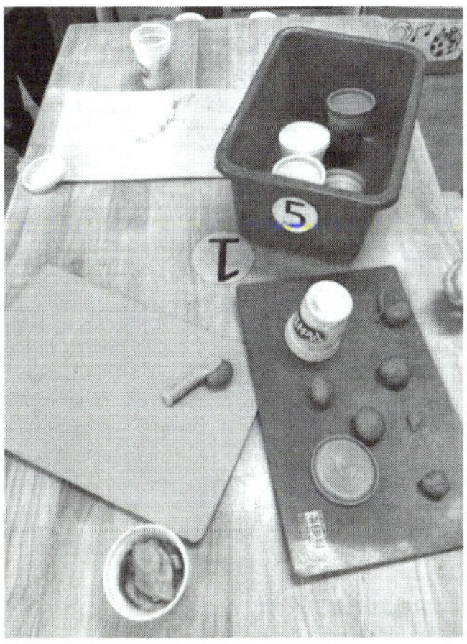
活动结束后无人整理

料是否放回原位！”最终，师幼共同商定“美工区值日生制度”：每日选择两名在美工区活动的幼儿佩戴值日生挂牌，负责活动结束后检查材料是否归位、桌面是否清洁，并提醒同伴进行整理。教师负责制作值日生轮值表，幼儿可以自主报名，绘画规则图示并将其张贴在区域的入口处。

分析：

幼儿在活动结束后没有整理美工材料，反映出他们在自我管理和责任感方面的不足。这可能与他们年龄尚小，尚未形成良好的整理习惯有关。同时，也说明我们在平时的教育活动中，对幼儿整理习惯的培养还不够重视。与幼儿交谈后，我发现他们已具备一定的自我认知与问题解决能力，能识别问题并提出合理建议。这说明我们在教育过程中，应该更多地倾听幼儿的声音，尊重他们的想法，引导他们自主解决问题。确立值日生制度，是一种有效的解决方式。它不仅能够增强幼儿的责任感，还能够培养他们的自我管理能力。我相信，在实行值日生制度之后，美工区的环境将得到妥善维护，幼儿的整理习惯也会逐渐养成。同时，这也为我们今后的教育活动提供了有益的启示和借鉴。

案例三　大班：美工区变干净了

年龄：5周岁。

基本信息：活动结束后，幼儿有了整理的习惯，但只是随意乱塞，这对下次活动造成了影响。

背景：在活动中，老师发现桌上与地上散落着许多的碎纸屑。材料柜上的材料被随意叠放在其中。

材料库收纳混乱 1

材料库收纳混乱 2

在活动讲评环节中，老师针对上述问题与幼儿进行了讨论。老师说：“为什么会变成这样呢?”幼儿说:“我是按照柜子上的标识把材料放进去的,而且没有浪费,把用剩下的材料也放进去了。”“我把自己剪下来的垃圾扔掉了,桌上和地上的都不是我的垃圾。”“旁边没有垃圾桶,我想把作品完成后再把垃圾扔掉。”在收集到幼儿的问题后,老师与幼儿开始讨论并达成了共识:

增设垃圾桶

① 材料除了要归类放好,也要边对边整齐叠放好;② 完成自己作品后及时清理产生的垃圾,活动结束后共同清理区域;③ 在区域旁增设垃圾桶,便于清理。

但在后续活动中老师发现上述问题依然没有解决,幼儿没有遵守约定,于是老师又进行连续的观察记录,发现幼儿在活动中对新约定易忽视,在其他幼儿提醒下依然有幼儿选择不遵守。为此,除了在评讲环节继续与幼儿一同发现问题外,老师还对美工区的规则标识做了修改,同时辅以以下措施:① 向幼儿介绍新规则,并达成共识;② 在活动后的评讲中称赞遵守规则的幼儿,进行正向强化;③ 新增废纸收纳盒、垃圾桶,辅助幼儿打扫区域。经过一段时间的调整,慢慢解决了美工区材料收纳混乱的问题。

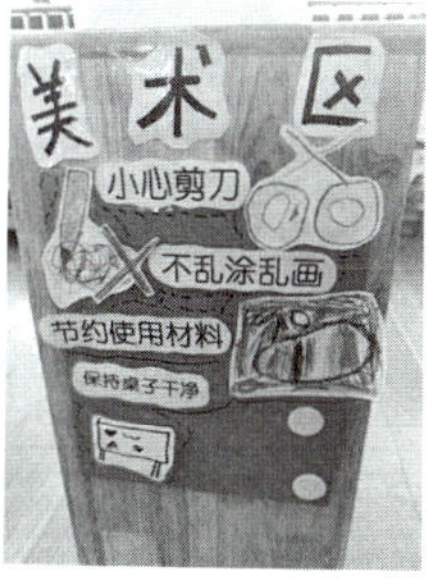

粘贴新规则

新增废纸收纳盒

材料库收纳整洁

分析:

由于美工区活动涉及材料多,所需时间长,所以活动后的整理环节会比较仓促,久而久之就会导致材料的遗失和混乱。针对此类问题,教师在活动后反思环节利用照片作为媒介与幼儿一同探讨问题的成因及解决方法。虽然达成了共识,但教师发现相同的行为仍在继续,为此教师将与幼儿的约定以规则的形式呈现在区域中,同时辅以相应的奖惩方式强化幼儿行为,最终解决问题。

在以上的案例中，教师让幼儿与镜头对话，通过有目的地拍摄相应照片，引导幼儿发现问题并展开交流。同时在发现方法没有达到预期效果后，教师利用新设垃圾桶、增添新规则等方式改变区域环境，方便幼儿整理材料的同时也潜移默化地提醒幼儿要保持区域整洁。

第七章 自然联结　融合共生

——美工区活动与其他活动的融合

内容简介

在幼儿的世界里，所有事物都可相互渗透、融合。美工区活动与主题活动、生活活动、户外活动和教学活动彼此融合，在一定程度上反映了幼儿动作、认知、情绪和人格的发展水平。本章着重阐述融合的原则与注意事项的重要性，并相应提出融合策略。

思维导图

- 第七章　自然联结　融合共生——美工区活动与其他活动的融合
  - 第一节　美工区活动与主题活动的融合
    - 美工区活动与主题活动融合的原则
    - 美工区活动与主题活动融合的注意事项
    - 美工区活动与主题活动融合的策略
    - 美工区活动与主题活动融合的案例
  - 第二节　美工区活动与生活活动的融合
    - 美工区活动与生活活动融合的原则
    - 美工区活动与生活活动融合的注意事项
    - 美工区活动与生活活动融合的策略
    - 美工区活动与生活活动融合的案例
  - 第三节　美工区活动与户外活动的融合
    - 美工区活动与户外活动融合的原则
    - 美工区活动与户外活动融合的注意事项
    - 美工区活动与户外活动融合的策略
    - 美工区活动与户外活幼融合的案例
  - 第四节　美工区活动与教学活动的融合
    - 美工区活动与教学活动融合的原则
    - 美工区活动与教学活动融合的注意事项
    - 美工区活动与教学活动融合的策略
    - 美工区活动与教学活动融合的案例

第一节　美工区活动与主题活动的融合

主题活动能在潜移默化中令美工区活动充满趣味性、探索性，满足幼儿的好奇心和探索欲。同样，美工区充满趣味性事物也能激发幼儿对新主题的探索欲望。比如，幼儿发现乌龟生病了，就以此为引子，展开了“照顾乌龟”的主题活动。在实施过程中，美工区活动与所对应的教学活动、其他区域活动、环境布置等相互融合，有益于幼儿获得新经验。主题活动与美工区活动的互融互补，促进了幼儿的深度学习及全面发展。

乌龟不吃食物

幼儿观察乌龟

一、美工区活动与主题活动融合的原则

美工区活动与主题活动的融合是互通的融合。无论是由美工区活动指向主题活动的融合，还是由主题活动指向美工区活动的融合，在体现幼儿教育整体观的前提下，都要遵循以下原则。

（一）整合性原则

整合性原则是指课程内容各要素之间的横向联系或水平组织上探寻要素之间的内在联系，构建适当的关联，逐渐形成统一的观点，把各种要素整合为一个有机整体。本节的整合性原则主要指向主题环境。主题活动中的环境对幼儿有一定的影响力，能对其产生积极或消极影响。《纲要》中提出，环境是重要的教育资源，应通过环境的创设和利用，有效地促进幼儿的发展。可见，环境是幼儿教育的重要组成部分。美工区活动与主题环境的融合必然能为主题活动创造较大的价值。

1. 美工区活动与不同操作方式的整合

绘画、手工、欣赏是美工区活动的主要形式。幼儿可以通过撕、剪、画、贴等操作方式完成创作。例如，教师先让幼儿观察盛开的花，引导幼儿在美工区用喜欢的形式创作花，再将这些花剪裁、粘贴在主题墙上，从而呈现出春意盎然的主题背景。通过融合多种技能，幼儿手部肌肉动作得到全面发展。

幼儿展示作品

2. 美工区活动与不同领域内容的整合

美工区活动是连接不同领域之间内容的桥梁与载体。例如，在看花过程中，教师通过实地调查、投影展示、照片欣赏等方式让幼儿了解花的特征。在观察过程中，幼儿知道了花瓣的数量、颜色和形状特征，发现了花蕊、花托等。幼儿通过绘画与制作，对花及花的结构与特征也有了更清晰的认识。

幼儿在剪花瓣

幼儿在介绍作品

（二）联动性原则

联动性原则主要指美工区活动要与其他区域活动间有互动与联系，适用于教师引导幼儿参与的联动性融合活动，也适用于以幼儿为主、教师为辅的联动性融合活动，还适用于幼儿独立完成的联动性融合活动。无论哪种形式的活动，都要体现幼儿的主体地位。

1. 教师引导幼儿参与的联动性融合活动

教师引导幼儿参与的联动性融合活动比较普遍。例如，在角色区，“顾客”在银行取钱时秩序总是很乱。通过情景再现，教师引导幼儿回忆爸爸妈妈在生活中是怎么取钱的，从而引导幼儿排队，并鼓励幼儿在美工区制作“一米线”并进行铺设。

幼儿制作“一米线”

幼儿铺设“一米线”

2. 以幼儿为主、教师为辅的联动性融合活动

以幼儿为主、教师为辅的联动性融合活动通常在幼儿发现问题后展开。幼儿欲寻求教师的帮助以解决问题，教师作为支持者参与其中。例如，建构区的幼儿发现积木摆放杂乱，便向教师求助。教师并未直接告知幼儿该怎么做，而是让其观察其他区域材料是怎么摆的。观察后，幼儿发现缺少标志，就主动制作标志。在美工区幼儿的帮助下，建构区的幼儿把制作好的标志贴在柜子上。标志的完善解决了困扰建构区幼儿很久的问题。

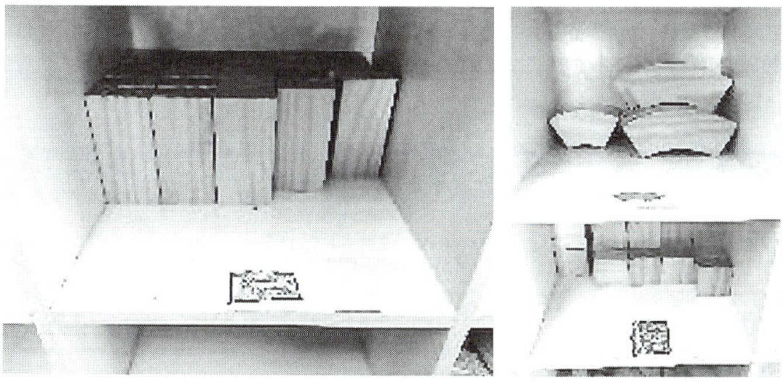

幼儿绘制的标志

3. 幼儿独立完成的联动性融合活动

完全能自主完成活动的幼儿，通常有一定的处理简单问题的经验。例如，角色区的“顾客”想买扇子，商店里却没有，“老板”让“顾客”晚点来取货。之后，他邀请美工区的幼儿制作了一把扇子，满足了“顾客”的要求。

“顾客”要买扇子

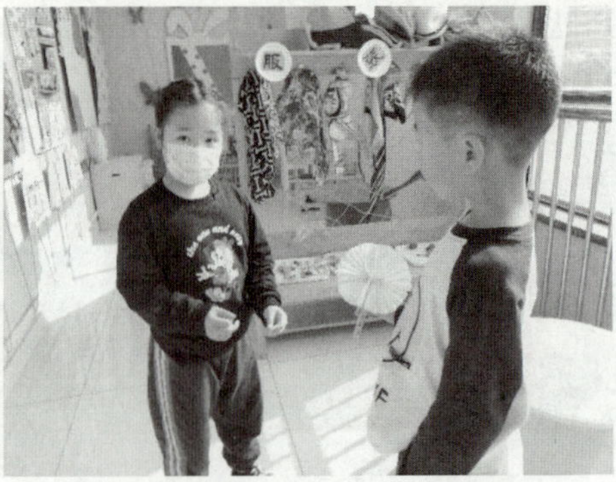

“老板”定制扇子

（三）渐进性原则

教师在结合主题投放美工材料时，应当考虑由于幼儿发展水平的不同，开展的活动应由浅入深，投放的美工材料也应满足不同层次幼儿的发展需要。例如，在以“形状”为主题的活动中，幼儿基于已有经验，能认识几种基本形状并用这些形状的纸片拼搭成小房子、小动物等。随着主题的深入，教师在美工区中添加了扇形和菱形纸片。幼儿无意间发现了新形状的纸片，于是又利用新形状的纸片进行了创作。在探究过程中，幼儿认识了新图形，也增加了新的知识经验。

幼儿用不同形状的纸片拼搭物体

二、美工区活动与主题活动融合的注意事项

美工区活动与主题活动融合需要教师重视活动的反思与评价，在发现和解决问题的过程中思考必要的注意事项。

（一）注意体现幼儿的参与性

《纲要》指出，要为幼儿的探索活动创造宽松的环境，让每一名幼儿都有参与尝试的机会。幼儿参与主题活动可激发他们无限的创造力、观察力、想象力、专注力和合作能力。例如，在“秋天多美好”这一主题活动中，教师通过引导幼儿关注大自然和周围事物的变化，让幼儿在观察探索中发现秋天的植物和气候等的变化，并运用绘画、手工制作等多种方式创造性地表达对秋天的认识，在发现、欣赏、表现中感受秋天的美，从而热爱大自然。

幼儿作品《秋天的树》

树叶贴画

用枯树枝制作的作品

用树枝、树叶制作的作品

（二）注意关注幼儿的经验性

《指南》中提到，幼儿的学习是以直接经验为基础，在游戏和日常生活中进行的。教师要重视游戏与一日活动的价值，创设丰富的教育环境，合理安排一日生活，最大限度地支持和满足幼儿通过直接感知、实际操作和亲身体验来获取经验的需要。主题活动背景下的美工区活动，可根据幼儿已有经验、兴趣和需要生成，也可根据预设方案积极调整。不论哪种形式，美工区活动内容都与主题有关，能帮助幼儿获取，主题活动相关的发展经验。例如，幼儿将材料区的物品改装成自己想要的，并结合商店进货环节，将其引入角色区，激发幼儿参与角色游戏的兴趣。不同主题会带给幼儿不同的经验，而不同的艺术形式、活动内容在主题中又发挥着独特的作用和价值，如在“我是小小设计师”主题活动中，幼儿充分发挥设计师作用完成扎染。

扎染准备及作品

三、美工区活动与主题活动融合的策略

美工区与主题活动的融合，在遵循以上原则和注意事项的前提下基本能达成。同时，为了更精准地达到融合目的，教师也要尝试寻找一些更有效的策略。

（一）以主题为线索，寻找与之相契合的美工区活动内容

主题活动开展前，教师会对其与美工区活动的融合进行研讨，根据各年龄段幼儿的情况，把握主题目标，思考如何提供材料、设计内容。例如，在“迎新年做贺卡”的主题活动中，幼儿通过画、剪、贴等形式创作，并在送贺卡时大胆说出祝福语。这不仅提升了幼儿的创作水平，而且有利于幼儿的语言表达能力和社会交往能力的发展。

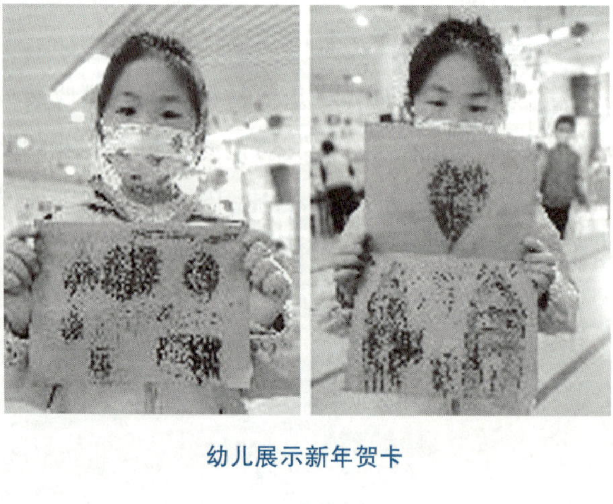

幼儿展示新年贺卡

主题环境与主题活动是密不可分的；主题环境是为主题活动而创设的，而主题活动必须依靠主题环境才能更深入，更具体地开展。教师应通过创设多样的“问题情境”“开放性问题”，以及提供丰富的活动材料，以激发幼儿不断思考与主动探索，调动与激励幼儿参与和不断学习的兴趣与积极性，在与环境、情境、问题不断积极、主动的相互作用中获得主动、有效的学习。教师也应记录幼儿的探究过程，用主题环境激发和支持幼儿进一步探索。例如，在“我找到的春天”主题活动中，幼儿可为折纸青蛙搭配适合青蛙生存的环境背景等。

青蛙生存环境图

（二）以节日为契机，开展与之相辅相成的美工区活动

制作春节彩链

每个节日都有其特点。在美工区开展相应活动时，内容和形式须多样化，并将节日文化与美工区环境融合。例如，在美工区准备带有节日风格的装饰，用幼儿感兴趣的节庆材料与主题墙“互动”，让幼儿在做做玩玩中了解节日文化，感受节日魅力。

四、美工区活动与主题活动融合的案例

案例：美丽的春天

年龄：5周岁。

基本信息：妮妮，女孩，喜欢分享所见所闻。

背景：春天，幼儿园开满了各种花。幼儿在散步时，特别喜欢观察它们。老师发现后，组织了“我找到的春天”主题活动。

带领幼儿外出散步时，妮妮叫起来：“这里像在下花瓣雨!”大家纷纷捡起地上的花瓣。一阵风吹来，花瓣飘落在了身上。回教室后，幼儿回味无穷，一直讨论着花瓣雨的事情。老师便带领幼儿拿着画板和笔再次走向大自然。每个幼儿心里都有一颗美的种子。有了前面的细致观察，幼儿的表达也生动起来。幼儿在大自然和社

会文化生活中萌发了对美的感受和体验。

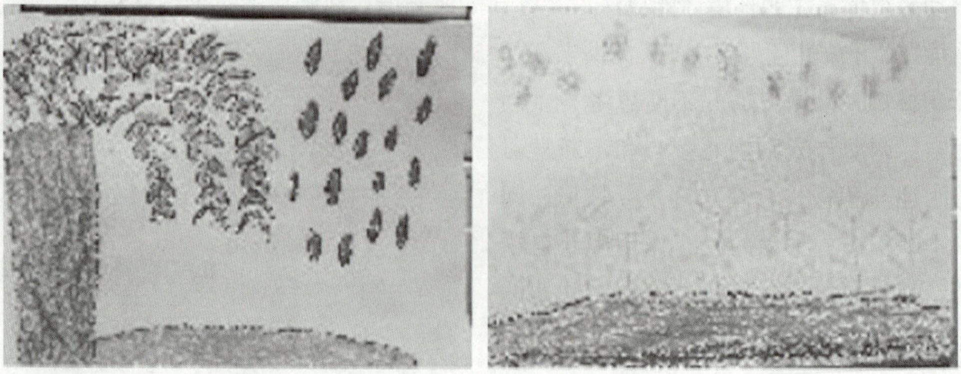

幼儿作品《花瓣雨》

分析：

在这个案例中，教师认识到大自然是幼儿最好的课堂。幼儿通过在户外观察、寻找春天的迹象，如盛开的花朵、嫩绿的小草等，能够直观地感受到春天的自然特征。这种亲身体验比单纯的教学更能激发幼儿对自然的热爱和对生活的美好感受。

第二节 美工区活动与生活活动的融合

幼儿园的生活活动主要包括入园、洗手、喝水、进餐、如厕、午睡等。《纲要》提出，教师应科学、合理地安排和组织一日生活。时间安排应有相对的稳定性与灵活性，既有利于形成秩序，又能满足幼儿的合理需要，照顾到个体差异。可见，这些看似平常的生活活动都是极具教育价值和意义的。

美工区活动具有生活化、简单化的特点。内容与生活距离越近，越能吸引幼儿的学习兴趣。所以，美工区活动与生活活动的融合对提升幼儿的学习兴趣和能力至关重要。

一、美工区活动与生活活动融合的原则

幼儿在生活活动中通常会遇到一些问题，如洗手时总是很拥挤；放外套时总是堵在出入口……这样不仅容易发生危险，也浪费了宝贵的时间。

（一）动静交替性原则

动静交替是使活动内容和活动方式具有变化性，为幼儿提供多样化活动的好方

法。因此，在组织和安排幼儿园一日活动时，教师要充分考虑到幼儿注意力发展的特点及影响幼儿疲劳程度的各种因素，努力实现活动的动静交替、张弛有度、体脑并用、劳逸结合，从而使幼儿在活动中获取更高的学习效益。

在户内进行的生活活动通常要分段有序进行，因此一日活动中各个环节之间的过渡时间是十分重要的。利用好它，辅之以一些美工活动，不仅可减少幼儿不必要的等待，而且能解决人数多、地方狭窄等引发的问题。例如，幼儿可以在这些零散的时间段内折手帕，在空余时间看看自制图书等。

幼儿在空余时间看自制图书

（二）情境性原则

情境化游戏更易吸引幼儿，激发并维持幼儿的内驱力。例如，开学初，以剪、画为主要形式的美工区活动较受欢迎，一段时间后便无人问津了。于是教师通过放毕业照、卡纸、相框等材料，创设毕业情境，以“毕业礼物”为主题，让幼儿制作手表、项链、皇冠等。美工区人头攒动，之后幼儿又将情境延伸到“互送礼物”，将自己做好的礼物送给自己的好伙伴，以示喜爱之情。在幼儿初获喜悦与成就后，教师又创设了端午节编织五彩绳等活动，不断激发幼儿的创新意识。

幼儿制作项链

二、美工区活动与生活活动融合的注意事项

在生活活动中，幼儿往往通过画、剪、撕、贴等方式达到相应的目的（如提醒、警示等），这也促成了美工区活动与生活活动的融合。在此过程中，教师需要注意以下事项。

（一）以幼儿为主体开展活动

为了解决班级活动中秩序混乱的问题，教师可引导幼儿观察、思考，让幼儿给出解决方法，用自己的笔触将想法进行表征，制定生活活动的相应规则，以解决生活活动中的“混乱”问题，为幼儿提升新经验提供“跳板”。

（二）由问题探究解决方法

“授人以鱼不如授人以渔。”集体思考，不仅能让问题解决得更顺利，而且幼儿还能在此过程中感受到集体与团结的重要性。例如，吃小点心慢的小朋友搬凳子时总会挤到人。同组幼儿开始思考其慢的原因：是不会插牛奶吸管或不会拆饼干包装，还是吃东西时不专心……通过探究问题，找到了解决办法：在制定“点心时间”的规则时，幼儿依据讨论结果，在美工区绘制相应规则。活动中，幼儿不仅解决了问题，而且提升了集体荣誉感和主人翁意识。

（三）重视民主协商

在寻求解决策略时，虽说要集思广益，但方法太多，又不知该如何选择。若教师干预，可能会让幼儿被动参与。所以，民主协商会更合适。教师可引导幼儿采取投票或者一一尝试的方式去解决问题。幼儿应将自己的意愿、困惑等通过表征形式展示在集体面前，并介绍自己的策略，在幼儿分享、讨论的过程中，注意要让幼儿通过努力探究去解决问题，从而增强幼儿的自信心。

（四）重视共守规则

《指南》指出，让幼儿“在良好的社会环境及文化的熏陶中学会遵守规则，形成基本的认同感和归属感”。在共同制定的规则之下人人平等。该规则若出现了问题，则可以在“议事厅”平台将自己的困惑表征并描述出来，并在大家的共同商议下调整。对于共同商定的规则，无论是教师还是幼儿都应遵守且相互监督。让幼儿自觉遵守规则虽然是制定规则的主要目标，但是成人的榜样作用亦不容忽视。

三、美工区活动与生活活动融合的策略

美工区活动与生活活动中的规则制定、步骤图分解等方面应很好地融合。为了让生活活动的规则更细致明确，以下还罗列了一些策略。

（一）结合具体问题寻找答案

当生活活动中出现问题时，教师可引导幼儿思考“哪里有问题”，从而探究有什么解决策略，并鼓励幼儿用自己的方式表达出来。在解决具体问题的过程中，教师要心中有目标，遵循循序渐进的教学原则，一步步将问题细化，在允许幼儿失误的前提下让幼儿在选择思考策略的同时考虑可行性，一步步深入探究。

（二）将规则显性化

规则会在大家的探讨中不断完善。规则应显性化，能让幼儿清晰地看到。为了达到显性的效果，可适当地将规则放大，或者和墙面的配色形成对比。

（三）及时关注规则的遵守情况

规则对某些行为具有制约性、提示性。规则的形成不是美工区与生活活动融合的终点，而是另一活动的起点。若规则未发挥其效用，教师就要思考：是规则没有发挥好它的作用，还是规则已内化为幼儿的自主行动，已没有设置的必要？所以，规则形成之后的遵守情况亦是值得探究的课题。

四、美工区活动与生活活动融合的案例

案例一：美味的食物

年龄：4 周岁。

基本信息：满满，男孩，有想法，做事认真仔细。

一一，男孩，喜欢做和别人不同的事情。

涵涵，女孩，易害羞，不喜主动说话。

背景：幼儿对纸的特性有一定了解，知道不同的纸有不同的操作方法。

美工区中，三个小伙伴在折纸。一一说：“可不可以将纸变成好吃的？”“爆米花！”满满和涵涵异口同声地说。老师说：“那你们去选择合适的材料来制作吧！”三个人在材料筐中拿了黄色皱纹纸、一次性纸杯。他们开始一点一点地撕纸、揉搓，一杯香喷喷的“爆米花”就完成了。一一问涵涵：“你知道纸除了可以做爆米花，还可以做什么吗？”涵涵笑了笑，说：“不知道。”一一说：“还可以用来做汉堡包、薯条之类的。”老师说：“你们也可以尝试一下呀！”一一找来了所需的材料卡纸，就开始制作了。一一说：“这个太薄了。”老师答：“有没有什么办法在两张纸的中间夹一点东西，这样可以看上去厚一点。”满满提醒一一可以用泡沫网。一一剪了一块泡沫网，夹在了卡纸中间，看了看，说：“太小了。”满满鼓励一一说：“没关系的，你可以试一试。”一一反思之后制作了一个大的汉

堡包，将它放在了“未完成作品”区域。老师问：“你为什么要放在这里？”一一回答：“我想让大家都可以看到。”老师继续问：“这个汉堡包放在什么地方可以让它发挥更大的用处呢？”一一将汉堡包放在了娃娃家，说：“娃娃家的爸爸妈妈可以用汉堡包来喂宝宝。”

分析：

幼儿认真地参与制作，一杯香喷喷的“爆米花”就这样被巧妙地做了出来。并且，幼儿不满足于做这一种美食，还想做更多的美食，最终将“汉堡包”放在了娃娃家，供大家开展区域活动时使用。

在这个案例中，幼儿的兴趣是支撑他们不断探索的动力，而教师的作用就是捕捉幼儿在这一过程中的闪光点。由幼儿一次随意的谈话引发对纸的探索，在这个过程中，幼儿运用丰富而有层次的材料大胆创作，灵感与创意碰撞的火花也促使幼儿为了工具的合理使用而友好地合作与分享。在创作过程中，幼儿的动手能力和想象力都得到了锻炼，教师也在活动中充分挖掘教育意义，让幼儿享受创造活动带来的快乐。

案例二：有用的月饼盒

年龄：5 周岁。

基本信息：淇淇，女孩，喜欢在集体面前表达自己。

牧牧，女孩，外向，喜欢自己做自己的事情。

悦悦，女孩，爱绘画，喜欢和他人沟通。

背景：幼儿带来了很多中秋节的月饼盒，并用月饼盒制作了手工作品。

悦悦拿着自己用月饼盒制作的手工作品对老师说：“这是我做的，是我用月饼盒做的，使用双面胶粘一粘就完成了。这上面的花是本来就有的。”老师称赞了悦悦的作品，对大家说：“那我们也去教室里找一找其他的月饼盒，用你们喜欢的方式创作一下吧！”大家异口同声地回答：“好。”幼儿找了月饼盒、纸、笔等材料，商量过后，决定做一个钟。淇淇和牧牧在纸上写数字“1—12”。老师说：“大家如果全都写数字，就没有人准备时针和分针了。悦悦，你来画时针和分针吧！”悦悦回答：“好的。”片刻过后，数字写好了，时针和分针也画好了。悦悦先把自己的时针、分针用双面胶贴在了钟面的中间，淇淇将数字“1—12”背面贴好双面胶，依次贴到钟面上。一个钟就完成了。

分析：

教师的一些小提示让幼儿打开了思路。幼儿结合自己对钟的认识，进行分工合作，写的写，画的画，最终呈现出了一个有特色的钟。在这个活动中，如何围绕幼儿的兴趣点，设计出融入中国节日文化的美工区活动，是教师需要思考的主要问题。基于这个问题，教师首先从幼儿的已有经验出发，初步尝试开展幼儿感兴趣的美工区活动，同时给予幼儿自主探索和自由发展的空间，激发幼儿对美工区活动的兴趣。

第三节 美工区活动与户外活动的融合

户外活动与美工区活动从某种意义上来讲是相互辅助、相互补充的。幼儿在户外活动中，可用绘画的形式为“跳房子”游戏做准备；也可用树枝、树叶、石头等拼成一幅天然巨作；还可用树枝在泥地上画出人行横道，让骑行和走路的伙伴在游戏中学习和体验交通规则的实际应用……

一、美工区活动与户外活动融合的原则

美工区活动使户外活动的内容更加丰富与完善，自由的户外活动则让美工区活动更有吸引力。两者在相互融合的过程中也需遵守一定的原则。

（一）安全性原则

《指南》提到，要为幼儿创设安全的生活环境，提供必要的保护措施；要结合生活实际对幼儿进行安全教育。户外活动场地通常是在幼儿园内的户外场地或在离幼儿园较近的社区公共场所。教师须确保活动场地大小适宜、空间宽敞，地面平整，便于打扫，且雨后容易干。

《指南》要求幼儿具备基本的安全知识与自我保护能力。故而，对幼儿进行安全教育是户外活动中极重要的一个环节。例如，教师要教导幼儿在户外活动时不能离开教师的视线；要帮助幼儿了解活动场地可能存在的不安全因素；要帮助幼儿认识安全标志等。

幼儿介绍交通标志

（二）个体性原则

个体性原则要求教师关注幼儿的个体差异，为有不同需求和发展程度的幼儿提供自主活动与探索的个性化活动方案。例如，在美工区活动与户外活动的融合过程中，教师可以为发展程度较高的幼儿提供难度较大的操作材料。当教师提供同一材料时，对能力不同的幼儿应有不同的操作要求。教师还需要以幼儿的兴趣及“最近发展区”为依据，分阶段设计活动、投放材料，使每个幼儿都能得到全面发展。

二、美工区活动与户外活动融合的注意事项

不同幼儿在户外活动的开展过程中会有不同需求。教师要针对不同性格和能力的幼儿开展不同的户外活动，让其自由组合，发展交往能力。同时，鼓励幼儿突破自我，尝试新活动。

（一）依据个体差异有针对性地投放材料

活动前，教师可与幼儿商量，共同制订活动计划，根据计划准备所需的材料。教师还可引导幼儿用探索材料的方式了解同一种材料的不同用处，感受材料的多样性。

用低结构材料拼搭物体

由于幼儿间存在个体差异，所以教师在投放材料时要有的放矢，根据不同幼儿的实际情况，有针对性地为其提供不同的材料。例如，在“比比谁爬得高”主题活动中，对能力较弱的幼儿，教师要求其以两个轮胎的高度为目标；对能力较强的幼儿，则要求其以三四个轮胎的高度为目标。

无论哪个年龄段的幼儿，开展活动或扮演角色都需要一定数量的道具。这些道具可以是现成的，也可以是幼儿想象出来的。所以，材料的准备要符合幼儿的特点。教师可适当地提供一些低结构材料，助力幼儿想象当下没有的物品，或者提供树叶、树枝、积木等材料，供幼儿深入探索、独自游戏。

（二）根据幼儿能力进行引导

在美工区活动中，幼儿是活动中积极参与的主体。教师的角色应向观察者、回应者、支持者、欣赏者转变。

在“轮胎变形记”活动中，幼儿发现黑黑的轮胎不够美观，便策划了一次彩绘轮胎的活动。在有争执、有合作的彩绘活动结束后，又进行了轮胎变身活动，把轮

胎变成跷跷板、动物大摆件、绿植容器等。这些活动的顺利开展得益于教师的有效引导：活动中，教师明确自己的角色，适时提供帮助；仔细观察幼儿行为，捕捉闪光点；耐心倾听幼儿对话，归纳提取有效信息；客观评价幼儿创作，强化内在需求。

幼儿滚轮胎

用轮胎做跷跷板

轮胎种植

三、美工区活动与户外活动融合的策略

为了能更好地将美工区活动和户外活动融合，教师在户外活动时可采取一些相对便捷的策略。

（一）持续关注促发展

持续性是当今社会科学发展的精神内核，也是教育应遵从的规律。在活动中，教师要持续给予幼儿有效关注和引导，并适时鼓励幼儿，促进幼儿有效学习。

在一次活动中，欣欣创作了一幅类似抽象画的长廊写生作品《黑板》。面对他人的质疑，她虽据理力争，却有些不自信。在教师的肯定和鼓励下，她独立进行长廊写生，并能描述自己的作品。在其带动下，长廊写生异常火爆，有画教师的、有画自画像的……幼儿越画越有成就感，越交流越有灵感。欣欣的坚持让写生画在班级中越来越受欢迎。

幼儿长廊写生

（二）动静分区促提升

户外场地可被划分为若干个活动区域。教师可结合相应资源开设户外活动，并

以此为界限区分动静活动，如教师以路牙为界，让幼儿在路牙内攀爬，坐在路牙上休息或观察自然，在路牙外玩游戏。这样既利用了路牙资源，又划分了区域。

坐在路牙上观察小草

路牙外的“游戏”——穿越火线

幼儿在路牙内攀爬

（三）整合渗透促融合

在户外活动中，教师可有意渗透活动主题。例如，在主题活动“春天的树”中，教师利用散步、游戏等户外活动引导幼儿寻找、发现园内树木的各种秘密，如树干的形态、树叶的颜色、树皮的触感等，帮助幼儿初步积累有关树的直接经验。同时，教师鼓励幼儿利用踏青的机会和爸爸妈妈到大自然中去探索各种树的秘密。幼儿不仅发现了不同树木树干、树叶的变化，还发现有的树会开花……该过程不仅拓宽了幼儿的视野，而且丰富了幼儿有关线描画树和手工做树的前期经验。

寻找树的秘密

线描画《树》

作品展示

四、美工区活动与户外活动融合的案例

案例：树叶贴画

年龄：5周岁。

基本信息：瑶瑶，女孩，喜欢参加户外活动。

背景： 幼儿有一定的用自然物创作的经验。

瑶瑶和同伴在户外活动时探索大树的秘密：树叶为什么会掉，大树的养分是如何运输的，树根是什么样子的，年轮的秘密是什么……

回教室后，瑶瑶在美工区开始了自己的创作。第二天，她将收集的树叶用书本压过之后，用剪、贴、画等方式创作了一幅树叶贴画作品《我和树叶》。在瑶瑶的影响下，又有更多的幼儿在户外活动时收集树叶，再回教室用树枝、树叶、果实等做粘贴画和手工作品，活动结束后大家意犹未尽。

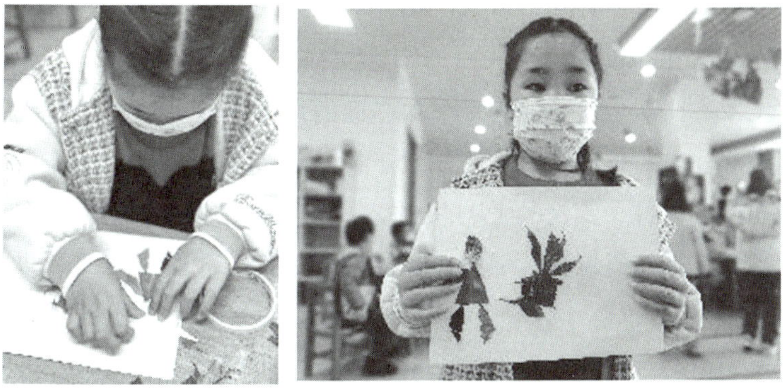

瑶瑶树叶贴画作品《我和树叶》

分析：

在本案例中，教师带领幼儿到户外捡树叶，观察树叶的形状、颜色和纹理，培养幼儿对大自然的热爱；同时，向幼儿介绍树叶贴画的基本步骤和技巧，让幼儿学会用树叶、树枝等进行贴画创作。这一过程培养了幼儿的动手能力和创造力。教师还可以在引导幼儿感受与欣赏落叶变成美丽的图画的过程中，培养幼儿的审美情趣，同时激发幼儿的兴趣与想象力。

第四节 美工区活动与教学活动的融合

朱家雄在《幼儿园课程》一书中讲到，显性课程是有计划、有组织的学习活动。它主要通过课堂教学让学生获得知识和技能。学生在显性课程中获得的主要是预期性的学术知识。可见，教学活动是显性课程最主要的方式之一。故而，美工区活动与教学活动的融合更具显性特征。

一、美工区活动与教学活动融合的原则

通常，与美术相关的教学活动主要涵盖感受与欣赏类、表现与创造类，具体有欣赏、手工、绘画等，其中手工和绘画属于幼儿的表现与创造范畴。

在认知层面，美工区活动可成为教学活动的起因；在情感层面，幼儿会在教学活动和美工区活动中表达自己的喜好；在意志层面，幼儿对教学活动与美工区活动具备初步的分析判断能力；在行为层面，幼儿在美工区活动和教学活动中，能结合自己的能力与对材料的了解开始新创作。

（一）自由性原则

心理学家罗杰斯认为，心理的安全和心理的自由是促进创造能力发展的两个主要条件。宽松、安全的心理氛围是幼儿敢于并乐于表达的基础。《指南》强调，教师要“创造机会和条件，支持幼儿自发的艺术表现和创造”。教师在活动中应减少相应规定，因为规定越多越细，越容易阻碍幼儿的创作欲望。教师对幼儿的独特表现方式要给予支持与赞赏。例如，教师将收集的各种糖纸投放到美工区供幼儿欣赏，启发幼儿想象创造。有的幼儿根据自己的设想设计出“桃花”“风筝”等；一名幼儿用糖纸剪了一把小伞，并用黏土做了一个小人；另一名幼儿用糖纸剪了彩虹……在教学活动中，教师让幼儿先欣赏大家在美工区活动中的作品，引导幼儿评价这些作品，再根据糖纸的形状、颜色引导幼儿充分想象，启发幼儿利用各种材料创作，拓展思路。

（二）灵活性原则

美工区活动应开放灵活，尊重幼儿个性差异，以个性化教育的形式满足幼儿个体发展的需要，培养幼儿的探索能力。在该过程中，教师要尊重幼儿的兴趣，更要抓住时机，积极引导，并及时、恰当地回应，以激发幼儿的兴趣。再以幼儿兴趣和关注点为教育切入点，生成教学活动，使幼儿零碎、肤浅的经验得到梳理和提升。例如，幼儿画自己鞋子时发现脚有大小，就讨论谁的脚大。基于幼儿对脚大小的兴趣，教师开展了“我的脚有多大”教学活动，让幼儿用“画脚印”的方法比较脚的大小。其间，教师发现幼儿画的是鞋印而不是脚印，便把改正错误的机会交给幼儿，等他们自己发现。一段时间后，幼儿发现许多脚印都一样大。一些幼儿注意到了鞋子问题，于是他们脱鞋脱袜，赤脚站在纸上，互相画脚印。由于比较脚印有些难度，所以教师又展开了第二次教学活动“量脚印”。后期，幼儿在美工区用颜料、画笔等工具进行脚底拓印活动。在这个活动中，教师通过观察幼儿在美工区的表现，灵活转换教学组织形式，使活动更契合幼儿需要，同时为幼儿提供了更大的活动空间，让幼儿自由交换信息，获得经验，实现共生共长。

画脚印

量脚印

二、美工区活动与教学活动融合的注意事项

美工区活动与教学活动的融合应注意以下几点。

（一）活动要求体现差异性

幼儿的身心发展具有差异性。教师在确定美工区内容时，应考虑不同阶段幼儿的年龄特征。例如，在布艺坊中，中班幼儿的工作内容涉及打样、裁剪、粘贴；大班幼儿已有一定经验，可学习缝制、装饰。考虑到幼儿能力发展的差异，教师应提供可供幼儿自主选择的操作内容。比如，在布艺坊中，精细动作、手眼协调发展较好的幼儿可选择活动难度较大的刺绣工作，能力较弱的幼儿则可选择难度较小的打样工作。个体差异还体现在幼儿操作的具体方式及完成速度不同上，因而对他们的要求也不应统一。

（二）组织过程体现经验性

幼儿的表现与创造离不开丰富的生活经验，如对艺术作品的欣赏、外出参观、对材料的使用等。拥有足够的经验，幼儿的表现与创造才能更加得心应手。在美工区活动中，大班幼儿以流程式的步骤操作时，常因自身经验不足而出现诸多问题。这时，幼儿需要从他人身上得到启示，触发新的灵感，重构原有的经验体系。例如，在分工做衣服时，幼儿会在测量、裁剪、缝制等环节分工合作，共同完成工作。通过与同伴互动，幼儿学会与他人合作，进而获得社会交往的经验。若在活动中幼儿遇到不能解决的问题时，教师应及时引导，并从中生成教学活动。相比于个体活动、小组活动，集体教学活动能通过教师的引导和帮助，助力幼儿整合与迁移经验，学会一些解决问题的方法，为幼儿接下来进行更高难度的活动积蓄力量。

（三）评价方式体现多样化

评价能促使幼儿能力增强和经验发展，所以，教师有必要对幼儿活动进行合理评价。以中国节日文化为例，教师可在活动前熟悉活动内容，了解幼儿喜欢的活动要素，并据此进行创作设计；在活动过程中，须实时观察幼儿行为的变化，及时评价，记录教育行为，判断其有效性；在活动结束后，全面总结活动经验。全程评价的方式能改进幼儿的活动计划与方式，让探究变得更有效。

三、美工区活动与教学活动融合的策略

美工区活动与教学活动的融合普遍存在于一日活动中。当教学活动无法满足幼儿的表现与创作欲望时，就可与美工区活动融合。

（一）美工区活动与教学活动互相补充

在组织幼儿活动时，教师要“扬”教学活动与美工区活动的“长”，使二者相互补充、相得益彰，提升教育效果。例如，在教学活动“冬至节的故事”中，教师通过课件、图片、谈话等形式能让幼儿了解什么是冬至，而难以让幼儿真正感受冬至习俗。在教学活动后，教师在美工区投放饺子皮让幼儿来“包饺子”，使其在真实的活动中感受冬至传统习俗，将集体活动中未完成的部分合理地延伸到美工区活动中，实现了两种活动形式的有效融合，最大程度地增强了融合的有效性。

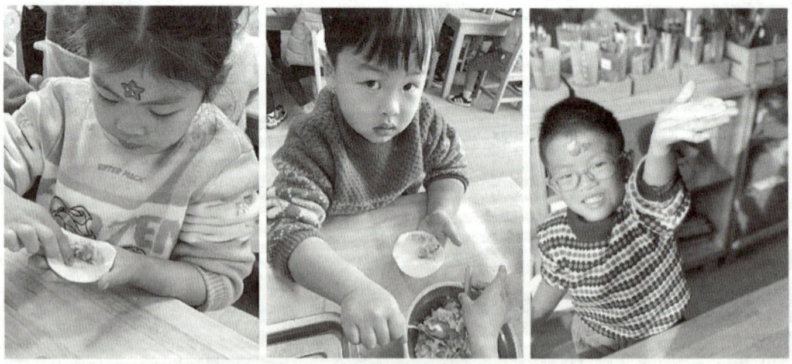

幼儿学包饺子

（二）利用偶然事件激发探究欲望

《纲要》提倡从生活中选择教育内容，要求注重随机教育。在丰富开放的美工区活动中，教师应关注幼儿的兴趣点，正确判断幼儿兴趣中能够促进幼儿发展且有

利于完成主题活动目标的价值部分，将其兴趣或关注点作为教育的切入点，生成新的集体教学活动，并适时适宜地引导幼儿对感兴趣的事物产生探究欲望，使教育目标与幼儿的兴趣点一致，充分发挥幼儿的主动性、创造性。幼儿产生学习动机后，教师应思考幼儿如何学，如何主动地学。例如，在主题活动“身体的秘密”中，幼儿对美工区中的手影图片有浓厚的兴趣，教师抓住幼儿这一兴趣点生成了教学活动“手型彩绘”。该活动的难点是幼儿在绘画前要设计出基本原型。这一难点的突破，幼儿已在活动中不知不觉地完成了。活动中，幼儿用绘画的方式创作出了造型各异的小动物，绘画效果非常好。

四、美工区活动与教学活动融合的案例

案例一：绿色的纸

年龄：3 周岁。

基本信息：飞飞，喜欢用颜料创作。

背景：幼儿会用生活中不同的纸来进行创作。

老师问：“你想用纸来做什么？”飞飞说：“折飞机。我还想给它涂上颜色。”老师问：“你想涂什么颜色呢？”飞飞说：“绿色的。”老师说：“那我给你准备绿色的颜料，你给纸涂上颜色，等它干了之后再折纸飞机吧。”老师拿来了调色盘、水彩颜料，将旧报纸铺在了桌子上。飞飞拿着画笔开始涂色了。

幼儿给纸涂色

分析：

教师通过谈话激发幼儿给纸涂色的兴趣。教师帮助幼儿让想法落地，既增加了幼儿使用纸的经验，又从幼儿的话语中了解了她感兴趣的材料，进一步激发了幼儿进入美工区的欲望。这些谈话的经验同时也为集体教学活动“印纸花”做了前期经验的铺垫。

案例二：制作色纸

年龄：4周岁。

基本信息：幼儿喜欢用玩颜料的方式开展活动。

背景：幼儿准备了不同的纸张，有大有小，有厚有薄……

制作色纸是集体教学活动，彩纸作画则是结束后的延伸活动。老师给幼儿准备了颜料水（溶解了不同颜料的水）和餐巾纸。

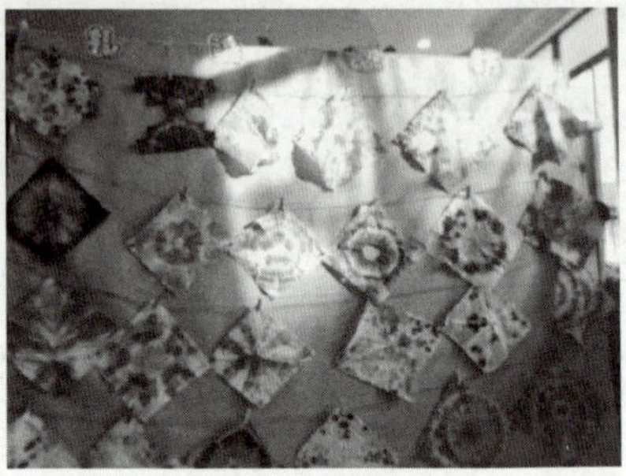

色纸作品展示

在操作过程中，老师鼓励幼儿自己调制颜料水并染色。由于餐巾纸纸张较薄，放在水里时，稍用力就会坏，所以过程并不顺利。

另外，相比制作色纸，幼儿更喜欢调制颜料水。

分析：

从该案例可以看出，教师还需结合幼儿的活动经验调整材料，以激发幼儿的潜能，拓展幼儿的经验。

让幼儿与大自然对话、与环境共鸣、与材料互动、与生活融合，艺术的感知和创造的经验将不断滋养幼儿的心灵！